恩歌博尔教育
Angel bell

Angel bell 音译为"恩歌博尔",中文直译为"天使钟",这里取"天使的声音"之意。在"恩歌博尔"（Angel bell）的logo中，徽章外形代表学术权威和宏大的影响力，徽章上的天使图像简洁生动，象征一位快乐的天使正带来教育的美丽和魅力，即知识、智慧、思想及广大教师和整个教育的美好蓝天！

XUE SHENG TI YU YU LE AN QUAN ZHI SHI

学生体育娱乐安全知识

主编◎王誉喜　刘立超

东北师范大学出版社
NORTHEAST NORMAL UNIVERSITY PRESS
WWW.NENUP.COM

图书在版编目(CIP)数据

学生体育娱乐安全知识/王誉喜,刘立超主编. —长
春:东北师范大学出版社,2010.11
(学生安全教育普及读本)
ISBN 978-7-5602-6661-9

Ⅰ.①学… Ⅱ.①王…②刘… Ⅲ.①安全教育–青
少年读物 Ⅳ.①X956–49

中国版本图书馆 CIP 数据核字(2010)第 218872 号

□责任编辑:李晓月
□责任校对:谢欣儒
□封面设计:子 小
□责任印制:张 林

东北师范大学出版社出版发行
长春市净月开发区金宝街 118 号(邮政编码:130117)
电话:0431-85601108
传真:0431-85693386
网址:www.nenup.com
电子函件:SXXX_3@163.com

北京通州运河印刷厂印装
2010 年 11 月第 1 版
2012 年 2 月第 2 次印刷
开本:650×960 1/16 印张:8 字数:129 千

定价:15.80 元

如发现印装质量问题,影响阅读,可直接与承印厂联系调换

目　录

学生安全教育普及读本

3

学生安全教育普及读本

4

序　言

　　学生是祖国的花朵，是每个家庭的希望，是中华民族的未来。他们的生命安全和健康成长，关系到千家万户，关系到社会的和谐和稳定，关系到广大人民群众的根本利益。生命是宝贵的，生命对每个人都只有一次。这就告诉我们，学生幸福的保障就是安全。学校、家庭和社会必须要建立起完善的安全体制，认真落实安全责任制，严格执行相关学生安全的规章制度，坚持不懈地进行安全教育，积极推进校园安全文化建设，提高广大师生的安全素质和安全意识。

　　长期以来，在党中央、国务院的领导下，各有关部门坚持以人为本，重视学生安全保护工作。生命不保，何谈教育？一个没有安全保障的学校，是一所绝对不合格的学校；一个不具备安全意识的教师，是一位绝对不称职的教师。学校校园周边安全工作要做深、做细、做实，做到警钟长鸣、常抓不懈，坚决避免重特大安全事故发生，确保学生平安上学、平安回家，确保广大师生安全和学校稳定。

　　意外伤害已成为学生成长过程中的头号杀手，全国平均每天有 40 多名学生因各种意外事故而死亡，至于受伤学生的

1

数量更多。其中，很多伤亡事故出现在学校体育当中，这一现象已经引起了社会的广泛关注。学校应当为学生在校内体育场所开展体育课和课余体育锻炼创造安全的条件，安全第一的健康教育观念要从学校的高度出发，以人为本、关爱生命的宗旨要渗透校园的每个角落，落实到每一位教师，安全教育要到位，管理要适当，措施要落实。

通过开展公共安全教育，培养学生的社会安全责任感，使学生逐步形成安全意识，掌握必要的安全行为知识和技能，了解相关的法律法规常识，养成在日常生活和突发安全事件中正确应对的习惯，最大限度地预防安全事故发生和减少安全事件对学生造成的伤害，保障学生健康成长。公共安全教育要遵循学生身心发展规律，把握学生的认知特点，注重实践性、实用性和实效性。做到由浅入深，循序渐进，不断强化，养成习惯，实现从"要我安全"向"我要安全"、"我应安全"、"我能安全"、"我懂安全"的飞跃。

学生适合练习哪些项目

　　儿童时期正处在小学阶段，此阶段是发展身体基础能力的时期，包括发展走跑跳投、反应协调能力及各种基础技能，同时要为各器官的发展打下坚实的机能基础，在各种练习中强度不要太大，内容力求多样，力争打下良好的全面身体素质基础。少年时期是中学阶段，此阶段是全面发展身体机能

1

的时期,是人体各器官机能成熟前的关键时期,是在儿童期基础上快速发展并渐趋定型的阶段。

根据儿童少年时期的生理特点,必须注意全面锻炼,全面发展身体素质及各种基础技能,可多参加以下活动:

跑跳类的练习:这类练习能较全面影响身体各器官机能,促进生长发育,但跑时要注意强度不要太大,也就是速度不要过快,因为少年儿童对缺氧的耐受能力较差,因此短跑时距离可短些,长跑时速度宜慢些,主要为了活动身体和发展奔跑能力。跳跃类的练习是发展下肢力量及灵巧协调的好手段。

球类运动:这是少年儿童喜爱的运动项目,少年儿童时期,是发展灵巧协调的良好时期,球类运动正有益于发展灵巧协调反应。在球类运动中不要追求正规训练的运动量,而主要是通过大量的各种基本动作技术及配合等基本技能练习,发展协调灵巧能力。

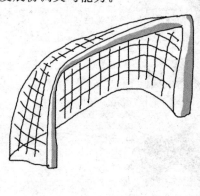

　　游戏和体操：游戏是发展少年儿童判断能力、反应能力和促使灵巧的好手段，也有益于少年儿童智力的发展，可将各种运动的基本动作编进游戏中去，让学生在欢快的游戏中发展各项素质及各种运动能力。体操也是少年儿童锻炼的好项目，各种徒手操、圈操、棍棒操、团体操以及垫上运动、单双杠等器械体操，都对学生的身体发展很有益处。

　　游泳与滑冰：南方的游泳，北国的滑冰、滑雪，其作用类似跑步，而且练者兴趣高，对身体影响全面。如游泳的锻炼效果比跑步还要大。

　　发展柔韧素质的练习：少年儿童时期是发展柔韧素质最好的时期，生理学研究表明，14岁前柔韧素质发展较快，保持在较好水平，进入青年期后，发展就较困难，因此可通过武术基本功及各种体操、球类、游泳等的辅助练习发展少年儿童的柔韧素质。

3

低年级小学生不宜拔河

　　拔河可能让小学生"伤心"、"伤筋"。从生理学的角度来讲，儿童的心脏正在发育中，植物神经对心脏的调节功能尚不完善，当肢体负荷量增加时，主要是依靠提高心率来增加供血量。拔河需屏气用力，有时一次憋气长达十几秒钟，当由憋气突然变成开口呼气时，静脉血流也会突然涌向心房，损伤小学生柔薄的心房壁。有医学工作者曾对 250 名 5 至 6 岁的儿童在拔河比赛中进行生理检查，发现心率均高，赛后 1 小时有 30％的儿童心率未能恢复正常。

4

除了对心脏造成影响外，拔河还可能伤到小学生的"筋骨"。儿童时期身体的肌肉主要为纵向生长，固定关节的力量很弱，骨骼弹性大而硬度小，拔河时极易引起关节脱臼和软组织损伤，抑制骨骼的生长，严重的还会引起肢体变形，影响儿童体形健美。另外，拔河是一项对抗性较强的运动，小学生争强好胜，集体荣誉感强，比赛中往往难以控制保护自己，极易发生损伤。

低年级小学生不宜参加力量锻炼

　　儿童生长发育时都是先长身高，后长体重，而且他们的肌肉力量弱，极易疲劳。也就是说，身体发育以骨骼生长为主，还没有进入肌肉生长的高峰期。如果这个时候让小学生过早进行肌肉负重的力量锻炼，一是会让小学生的局部肌肉过分强壮，影响身体各部分的匀称发育；二是会使肌肉过早受刺激变发达，给心脏等器官造成较重的负担。另外，还可

5

能使局部肌肉僵硬，失去正常弹性。所以，父母不要让孩子从事大人常练的引体向上、俯卧撑、仰卧起坐等力量练习。如果要练习肌肉力量，从初中一、二年级开始比较合适。

低年级小学生不宜长跑、负重跑

长跑属于典型的撞击运动，对人体各关节的冲击力度很高。小学生经常长跑锻炼，对关节处的骨骺发育不利。尤其是在坚硬的马路上进行冬季长跑时，对关节的冲击力更大，骨骺容易出现炎症，从而影响孩子长个子。长跑也是一项心脏负荷运动，儿童过早进行长跑，会使心肌壁厚度增加，限制心腔扩张，影响心肺功能发育。另外，儿童时期体内水分占的比重相对较大，蛋白质及无机物的含量少，肌肉力量薄弱，若参加能量消耗大的长跑运动，会使营养入不敷出，妨碍正常的生长发育。

另外，捆绑着沙袋进行负重跑，使小学生的跑姿容易变形，错误动作容易导致运动损伤。

一些老师与家长之所以对儿童长跑思想上产生疑虑，往往是将发展一般耐久力、增强心肺的长跑锻炼和正规化的专门性耐力训练混淆起来。专门性的耐力训练在儿童时期过早

进行的确是不合适的，因为它要求心肺功能处于很高水平，心肺及其他器官负担较重，而儿童时期心肺发育未完善，过早地不适当地大强度专门进行耐力训练，可能会对儿童的心脏造成损害，影响健康。

但作为健身练习及全面身体锻炼的强度不太大的长跑练习，在少年儿童中则完全应该大力开展，它对儿童心肺功能的锻炼很有益。儿童中长跑距离要适当，如小学低年级一般跑 400 米，高年级可跑 400—800 米，初中跑 800—1500 米，高中跑 1000—3000 米。当然，一些少年儿童在经常锻炼的基础上，在竞赛时偶尔跑一次更长些的距离也是可以的。总的原则是要根据少年儿童的体质状况及锻炼习惯来区别对待。

在儿童中长跑锻炼中一个很重要的注意点就是跑的速度不要太快，也就是常说的强度要小些，匀速的强度较低的长跑引起机体缺氧程度小，儿童的心肺功能容易适应，而对过高速度的奔跑造成大量氧债的练习不容易适应。因此，儿童长跑中要以匀速低强度的持续跑为主，心率一般可控制在每分钟 130 — 150 次左右，使心搏量保持在最佳水平。这样，对发展心功能也能收到最佳效果。

小学生不宜掰手腕

8

儿童四肢各关节的关节囊比较松弛，坚固性较差，扳手腕容易发生扭伤。另外，如同拔河一样，屏气是扳手腕时的必然现象，这样会使胸腔内压力急剧上升，静脉血向心脏回流受阻，而后，静脉内滞留的大量血液会猛烈地冲入心房，对心壁产生过强的刺激。如果长时间用一臂练习扳手腕，可

能造成两侧肢体发育不均衡。

小学生不宜参加极限运动

少年儿童的体育锻炼，一要遵循儿童自身身体生长发育的规律，二要考虑少年儿童身体的解剖生理特点。儿童处于生长发育期，器官各方面还没有成熟，不但很难承受极具"挑战性"的极限运动，而且很容易造成损伤。比如超过儿童身体自身承受能力几倍的大运动量，就有可能导致儿童肌肉因长期处于极度疲劳状，造成肌肉疲劳损伤，容易留下运动损伤后遗症。

另外，正处于生长发育的儿童，关节中的软骨还没有完全长成，长时间过度磨损膝盖软骨，日后容易形成关节炎。

研究表明，如果儿童时期膝盖损伤，成年后患关节炎的可能性就会增加三四倍。

9

小学生不宜兔子跳

在做兔子跳运动时，人体重心所承受的重量相当于自身体重的三倍，每跳一次膝盖骨所承受的冲击力相当于自身体重的三分之一，这样对骨化过程尚未完成的儿童来讲，很容易造成韧带和膝关节半月板损伤。

低年级小学生不宜倒立

尽管儿童的眼压调节功能较强，但如果经常进行倒立或每次倒立时间过长，就会损害眼睛对眼压的调节。

低年级小学生不宜玩碰碰车

低年级的小学生不宜玩碰碰车。少年儿童的肌肉、韧带、骨质和结缔组织等均未发育成熟，非常脆弱，受到强烈震动时容易造成扭伤和碰伤。

低年级小学生不宜玩滑板车

低年级的小学生不宜玩滑板车。儿童的身体正处于发育

的关键时期，如果长期玩滑板车，会出现腿部肌肉过分发达，影响身体的全面发展，甚至影响身高发育。此外，玩滑板车时腰部、膝盖、脚踝需要用力支撑身体，这些部位非常容易受伤，所以一定要做好防护，最好有父母陪护，并且找平坦宽敞的非交通区域玩耍。

低年级小学生不宜使用小区健身器材

公共健身器材对安全性要求很高。例如目前最普及的

"太空漫步器",按照其两脚间规格,明显是只适合成人使用的,而有关警示上只对运动的形式、健康禁忌作了规定,对于使用者的年龄并没有特别限制。而很多青少年也把这些器材当做了玩具。目前儿童使用健身器材不当引起伤害不断增多,甚至出现了重伤、残疾的现象。据了解,小区里的健身器材原则上是为中老年人配备的,目前还没有安装适合儿童的健身器材。

低年级小学生如何选择运动项目

儿童机体各部分的功能还不成熟,孩子骨骼弹性大,硬度小,容易发生变形,肌肉的纤维较细,易疲劳和受损伤。呼吸、循环方面,儿童的肺活量相对较小,所以呼吸频率要比成人快,才能满足身体的需要。儿童的心脏只有成人的三分之一大,心脏壁薄,脉搏输出量少。显然,儿童的身体对较激烈的运动适应能力差,同样不能耐受如长跑、举重之类的运动项目。

在选择小学生体育项目时,应该考虑儿童年龄的特点,选择强度较小、内容多样的锻炼项目,活动时间也不宜过长,如选择飞碟、踢小皮球、体操、游泳、短暂的跑步训练等游戏性的活动。万不可脱离儿童实际，而以成人的标准来安排和要求。

运动后不要大量喝水

在运动量加大时，消耗的能量增加，心跳和呼吸的次数都会有明显的加快。此时，大量带有氧气的血液流向四肢和体表，供肌肉活动的需要。胃肠道的血液量就相对减少了，对水的吸收能力也相应降低。如果运动后即喝很多水，胃内的水分不能及时送到小肠进行吸收和利用，水就贮留在胃里，会感到不适。而且胃内水分多过，胃酸被冲淡，减弱了杀菌和消化的能力。

运动后更不能饮用凉水，会使喉咙、食管、胃等器官遇冷而急剧收缩，使人感到不适。这就是俗话所说的"炸肺"。

运动进行中不宜大量喝水。

在运动中及运动后必须以少量多次的方式来补充水分，使得身体逐渐得到水分的补充，以保持水分的平衡。以每15分钟补充一次，每次250CC左右，每小时不超过1000CC为宜，水温在8至12度之间最佳，对于降低运动时所产生的体温及预防过热较有帮助。

另外，水分的补充可以运动饮料代替，以加入葡萄糖、葡萄糖氯化钠为优先选择。

运动后的禁忌

运动后不能急喝冷饮

剧烈运动能使体温上升到 39℃左右，这时大量吃冷饮对

消化道是一个强冷刺激，会引起消化道强烈蠕动，产生腹痛、腹泻。同时，冷热的急剧变化会使胃部血管突然收缩，次数多了就会引起消化吸收功能失调。

运动后不能吃大量高脂高蛋白食物

高脂高蛋白食物不但不利于解除疲劳，食后增加胃部和身体的负担，反而感觉肌肉发胀、关节酸痛，精神疲乏加重。运动后应该食用碱性食物，比如豆类及豆制品，菠菜、莴笋、萝卜、土豆、藕、洋葱、海带、苹果等瓜果蔬菜海菜类，牛奶及奶制品类等。

18

剧烈运动后少吃甜食

运动后过多吃甜食会使体内的维生素 B_1 大量消耗，使人感到倦怠、食欲不振等，影响体力的恢复。

运动后不能马上洗澡

运动时由于肌肉要用劲，流向肌肉的血液增加，心率加快。运动停止后，血液的流动和加快的心率虽有所缓解，但仍会持续一段时间。如果这时立即洗热水澡，血液往肌肉和皮肤的流量会继续大量增加，剩余的血液可能不足以供应身体其他器官的需要，尤其是心脏和脑部的需要，以致心脏病突发或脑部缺氧。

19

运动后半小时不能吃东西

运动后不要马上进食，因为运动时血液集中在肌肉，吃饭会使血液流向胃部，影响心脏功能，对胃也不好；运动以后人的吸收特别好，很容易发胖。

运动后不能立即睡觉

运动使肌肉紧张，神经兴奋，容易失眠。

不要以剧烈运动治疗感冒

学生在感冒后打球、跑步，出一身大汗后，感冒症状的确会减轻一些。这是因为人在运动时，交感神经兴奋，心跳加快，呼吸加速，体内的白细胞和其他抗体所组成的防御系统机能提高。再加上出汗时体内的毒素排出体外较快，使感冒症状得到一些缓解。但这种情况仅多见于少数体质较强、感冒初期、症状较轻的人身上，对于多数人尤其是儿童、体弱者和老人来说，感冒时参加体育锻炼是有害无益的。

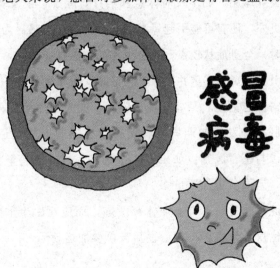

感冒病毒

22

感冒是由病毒或细菌引起的急性上呼吸道疾病。人体为了抵御入侵的病毒或细菌，要动员体内的防御系统与之斗争，表现为一定限度内的体温升高，白细胞增多，细胞的吞噬作用、抗体的生成、肝脏的解毒功能等均增强。同时，体内的新陈代谢也加快，以提高机体的抗病能力，这时为机体创造有利的抗病条件甚为重要，其中，适当的休息就是重要的一条。如果感冒后再进行打球、跑步等体育锻炼，会使体内产热进一步增加，代谢更加旺盛，这样势必造成体温过高，进而使体内调节功能失常，使中枢神经系统的兴奋性增高过度，体内的能量物质，包括糖、脂肪、蛋白质等消耗过多，反而会削弱人体的抵抗力，并使氧的消耗量大大增加，以致加重心、肺等系统的负担。

当感冒为细菌引起时，致病细菌大多为溶血性链球菌，少数为肺炎双球菌，如不及时休息和治疗，除了可继发鼻窦炎、支气管炎外，还有可能引起风湿病、肾炎等。当感冒为流感病毒引起时，全身症状较重，除出现常见的感冒症状外，还可能进一步引起肺炎等严重并发症，甚至继发病毒性心肌炎。

值得注意的是，某些急性传染病，如流行性脑脊髓膜炎、病毒性肝炎等发病初期均可出现类似感冒的上呼吸道症状，有时难以与感冒区别。如果得了这些病，再用体育锻炼的方法治疗，后果就更加严重。

因此，感冒时不宜参加体育锻炼，而应在医生的指导下服药、休息，待感冒痊愈后过几天再参加运动为好。

患高度近视不宜参加剧烈运动

　　高度近视是指超过 600 度的近视。过去，高度近视眼患者的裸眼视力一般都较差，不便参加打篮球、骑马、跳水、快速跑和跳等剧烈运动。但是，现在不同了，随着隐形眼镜的出现和近视眼激光手术在我国迅速发展并推广，一些高度近视患者在配戴隐形眼镜或接受手术后双眼视力成功地恢复到了 1.0 以上，他们可以很自如地参加这些剧烈的运动。然

而，参加这些剧烈的运动可能会给他们的眼睛带来伤害，当头部过多震动或剧烈运动时视网膜受到牵引容易发生脱离，高度近视眼发生视网膜脱离的风险是很大的。高度近视患者的眼角膜一般比正常人要薄，近视眼激光手术后角膜变得更加薄弱，若遇到外力撞击容易发生眼球破裂。高度近视眼一旦发生视网膜脱离或被撞击后发生眼球破裂者，治疗效果往往不尽如人意，有些甚至失明，这不但给患者自己带来终生痛苦，也给家庭和社会造成负担。

心机炎不宜参加剧烈运动

心肌炎是指心肌局限性或弥漫性炎症。流感病毒、肠道病毒感染心肌后，病毒既可以对心肌产生直接损伤，也可以通过自身免疫反应引起心肌细胞损伤。

心肌炎的临床表现差别很大。轻者可无症状，或有心悸、胸闷、心前区隐痛、软弱乏力等不适；重者病势凶险，可有心律失常、心力衰竭或心源性休克，甚至发生猝死。凡在感冒或腹泻后，在短期内（一般病后1—2周）发生心慌、胸痛、胸闷气短、疲乏、面色苍白、多汗、头晕、心前区不适或抽搐，即应警惕发生心肌炎的可能，不得掉以轻心，须及早找医生诊治。

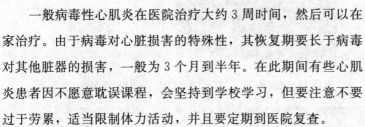

　　一般病毒性心肌炎在医院治疗大约 3 周时间，然后可以在家治疗。由于病毒对心脏损害的特殊性，其恢复期要长于病毒对其他脏器的损害，一般为 3 个月到半年。在此期间有些心肌炎患者因不愿意耽误课程，会坚持到学校学习，但要注意不要过于劳累，适当限制体力活动，并且要定期到医院复查。

　　由于青少年喜欢参加体育活动，对轻微症状常不予注意，以致在活动中病情急剧恶化。因此，要提醒青少年朋友注意，一旦有症状出现，即应注意休息，停止参加剧烈运动并及时去医院作进一步检查。

蹦极有危险

蹦极的危险相当于驾驶着时速 160 公里的汽车奔驰。从医学的角度看，蹦极运动对人体有几种潜在的威胁：

第一，下落过程中，视网膜下毛细血管容易破裂，从而造成暂时性失明。

第二，高速下落过程中一不小心碰到山体、树枝或者被绑在脚上的绳子打到，轻者造成骨折、四肢麻痹，重者会形成永久性伤残。

此外，蹦极设备缺乏检修维护、调试不当、超期服役，或者工作人员缺乏必要的培训和经验，经营蹦极的俱乐部或公司没有遵照必要的安全条例，甚至根本没有取得合法的运营资格就大玩这种生死游戏，都是酿成事故的根源。学生不要参加蹦极之类的冒险性游戏。

游泳注意事项

学游泳一定要在水浅的游泳池里，并且要有识水性的人陪同。学会游泳之后，没有人带领不能在江、河、湖、海或池塘里游泳。即使在这些地方游泳，下水之前要先观察地形情况，遇到水中有暗流或旋涡、乱石、水草和淤泥等，要赶紧离开，以免陷在淤泥里、卡在暗礁中或被水草缠住不能脱身。在不明水下情况的地方绝对不能跳水。

必须在家长或长辈的带领下去游泳。单身一人去游泳最容易出问题。如果你的同伴不是家长或长辈，在出现险情时，很难保证能够得到妥善的救助。

身体患病者不要去游泳。中耳炎、心脏病、皮肤病、肝、肾疾病、高血压、癫痫、红眼病等慢性疾病患者，以及感冒、发热、精神疲倦、身体无力都不要去游泳，因为上述病人参加游泳运动，不但容易加重病情，而且容易发生抽筋、意外昏迷，危及生命。传染病患者易把病传染给别人。另外，女同学月经期间不宜游泳。

游泳时要注意安全，在近水的地方玩耍也得小心。在沙滩或沙岩上停留时，要观察周围的情况，有些沙滩一眼看上去是实的，但是其实下面有裂缝或底层是空的，如果人在上面动作太大，就会出现沙崩，将人埋在下面。在海滨玩耍时，要注意涨潮落潮的规律，涨潮时要迅速离开海边，免得被潮水卷走。

参加强体力劳动或剧烈运动后，不能立即跳进水中游泳，尤其是在满身大汗、浑身发热的情况下，不可以立即下水，否则易引起抽筋、感冒等。饥饿、饱食、过度劳累后不能游泳。

28

被污染的（水质不好）河流、水库、有急流处、两条河流的交汇处以及落差的河流湖泊，均不宜游泳。一般来说，凡是水况不明的江河湖泊都不宜游泳。

恶劣天气如雷雨、刮风、天气突变等情况下，也不宜游泳。

洪水季节绝对不能下河游泳。

游泳前要做好准备活动

在游泳之前一定要做好充足的准备活动。夏季天气炎

热，不做准备活动马上入水，水温、体温、气温相差很大，骤然入水，毛孔迅速收缩，刺激感觉神经，轻则引起肢体抽筋，重则引起反射性心脏停跳休克，很容易造成溺水死亡。

29

通过跳跃、慢跑使身体发热但不出汗至 2—4 分钟，其目的是使身体内各个器官进入到活动状态。

做徒手操：（体育课老师经常采用的）使身体各关节、韧带及身体肌肉做好充分活动准备，以防受伤。

入水前用冷水淋浴一下，以适应水温，然后下水。

水上准备工作。入水后不宜马上快速游泳，更不宜马上进入深水区。应在浅水区适应一段时间后，再逐渐加速。

游泳过程中应注意的问题

　　应该相互关照、相互关心，而不应该相互嬉水，或捉弄对方。一起去游泳，如果有人提前上岸，要告诉同伴，一起去游泳应该一起回家。

　　到天然游泳场所（如江河、水塘、水库）游泳，应该有家长、亲人或老师的带领。特别强调初学者不要到野外去游泳。

　　要注意休息，不要长距离游泳，不要远离伙伴。如果感

到身体不适，要告诉同伴并上岸休息，在岸上观看同伴游泳，留心他们的安全。

学生不游潜泳，更不能相互攀比潜水的时间谁更长，潜水的距离谁更远，这样做很容易发生危险。

游泳时遇到水草，应立即停止划水动作，改用仰泳姿势迅速离开水草。如果已经被缠住，应仰躺水面，一手划水，一手排开水草。切不可双手乱挥、双腿乱蹬，这样会使水草越缠越紧。游泳时遇到旋涡，应吸气下潜，从水底向外游，离开旋涡后再浮出水面。

游泳中的紧急情况及自救

32

1. 抽筋是肌肉不自主的强直性收缩，水温过低或游泳时间过长，都可能引起抽筋，发生抽筋时最重要的是保持镇静，不要惊慌。

2. 一般处理办法。

（1）如果发现有抽筋现象，应马上停止游泳，立即上岸休息，并对抽筋部位进行按摩。

（2）如果在深水中发生抽筋，且自己无力处理，而周围又无同伴时，应向岸边呼救，千万不要慌张。

3. 在水中解脱抽筋的方法，主要是牵引抽筋的骨肉，使收缩的肌肉伸展和松弛。具体的解脱方法如下：

（1）手指抽筋时，将手握成拳头，然后用力张开，这样迅速交替做几次，直到解脱为止。

（2）一个手掌抽筋时，另一手掌猛力压抽筋的手掌，并做振颤动作。

（3）上臂抽筋时，握拳，并尽量曲肘，然后用力伸直，反复几次。

（4）小腿或脚趾抽筋时，先吸一口气，仰卧在水上，用抽筋肢体对侧的手握住抽筋的脚趾，并用力向身体方向拉，另一只手压在抽筋一侧肢体的膝盖上，帮助伸直，就可以得到缓解。如一次不行，可连续做几次。

（5）大腿抽筋时，吸一口气，仰卧水上，弯曲抽筋的大腿，并弯曲膝关节，然后用两手抱着小腿用力使它贴在大腿上，辅以振颤动作，最后用力向前伸直。

（6）胃部抽筋时，先吸一口气，仰浮水上。迅速弯曲两大腿，靠近腹部，用手稍抱膝，随即向前伸直，注意动作不要太用力，要自然。

不管发生什么样的抽筋，都先向同伴或其他游泳者呼叫："我抽筋了，快来人呀！"

发现有人溺水不能贸然下水营救

1. 发现溺水者如何将其救上岸

方法一：可将救生圈、竹竿、木板等物抛给溺水者，再将其拖至岸边。

方法二：若没有救护器材，可以入水直接救护。接近溺水者时要转动他的髋部，使其背向自己，然后拖运。拖运时通常采用侧泳或仰泳拖运法。

学生发现有人溺水，不能贸然下水营救，应立即大声呼救，或利用救生器材呼救。未成年人保护法规定："未成年不能参加抢险等危险性活动。"这也是我们学校为什么要强调学生去游泳要由家长带领的原因。

35

2. 如何开展岸上急救

（1）当溺水者被救上岸后，应立即将其口腔打开，清除口腔中的分泌物及其他异物。如果溺水者牙关紧闭，要从其后面用两手的拇指由后向前顶住他的下颌关节，并用力向前推进。同时，两手的食指与中指向下扳颌骨，即可掰开他的牙关。

（2）控水。救护者一腿跪地，另一腿屈膝，将溺水者的腹部放到屈膝的大腿上，一手扶住他的头部，使他的嘴向下，另一手压他的背部，这样即可将其腹内的水排出。

（3）如果溺水者昏迷，呼吸微弱或停止，要立即进行人工呼吸，通常采用口对口吹气的方法效果较好。若心跳停止还应立即配合胸部按压，进行心脏复苏。

（4）在急救的同时，**要迅速打急救电话或拦车送医院。**

落水者怎样进行自救

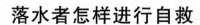

　　遇到溺水危险时，可用下述简易方法自救。第一，身体放松，深呼吸一口气后面向水底四肢放松下垂，让头部、后颈部露出水面，直到感到需要呼吸时为止。第二，当想呼吸时，将双臂慢慢抬到肩部高度，同时一腿向上抬到脐部高度，另一腿尽量向上屈，头部不变，这样可节省气力和防止身体下沉。第三，将头部仰起呼吸，同时双手猛力向下推，双脚向下蹬，换气时向别人呼救。第四，吸气后又恢复开始姿势，反复进行，可保持身体不会下沉，直到获救。落水后或在游

保存体力 进行自救

泳碰到腿抽筋时，应立即采取仰游姿势，头部向后仰，口鼻可露出水面，吸气宜浅，呼气加深，从而使肺内保留较多余气以增加浮力，使自己浮在水面上，利用仰泳游向岸边。

37

怎样预防溺水

　　一般来讲，不识水性时千万不要在不知深浅的水域单独学习游泳。下水前要做好准备运动，以免由于冷水刺激而产生痉挛。疲劳、饥饿时不应下水，患有冠心病者或其他严重疾病者，不宜单独行动，以防在游泳中发病而淹溺死亡。游泳前不宜过度换气，以免呼出大量二氧化碳气体，使体内二

氧化碳的含量降低，以致不能刺激呼吸中枢以兴奋呼吸，因而在水中不知不觉地陷入昏迷状态。

什么人不宜游泳

游泳是一项很好的运动。它不仅能够有力地促进身体的健康水平，而且在国防和生产劳动中也有许多实用价值。但是，游泳是在水中进行的，"水能载舟，亦能覆舟"，进行游泳运动也有可能对人的健康产生不利的影响，甚至危及生命。因此，参加游泳的人都必须经过医生检查，证明身体健康，没有禁忌症才能从事游泳运动。

游泳前进行体格检查的目的在于防止发生意外事故，在于防止传染性疾病的蔓延。所以凡患有癫痫病（俗称羊角风）、精神病、严重的心脏病、高血压、肺结核、肾炎、肝硬化等疾病的人都不宜参加游泳运动。凡患有各种传染性疾病者，如传染性痢疾、肠炎、传染性皮肤病（包括脚癣）、急性角膜炎（俗称红眼病）、中耳炎、阴道滴虫病等疾病的患者必须将病彻底治愈后再去游泳。耳聋的人也不宜游泳，因为耳聋的人常伴有内耳位觉器官的疾患，游泳时常常难以维持身体的平衡，不仅不易学会游泳，也容易发生事故。

39

游泳时怎样预防眼、耳、鼻疾病

游泳是很受欢迎的运动项目。经常游泳不仅可以锻炼意志，而且可以发展肌肉力量，提高关节的灵活性，促进消化吸收，改善心肺功能，增强人的体质。但是，如果不注意游泳卫生，也容易引起红眼病、鼻窦炎和中耳炎等疾患。那么游泳时应怎样预防眼、耳、鼻的疾病呢？

　　不少人游泳之后，双眼都会出现发红现象，这是由于水的刺激，使眼结膜血管扩张充血的缘故，是一种正常的生理现象，一般游泳后1—2小时就会消失。如果第二天不仅不消失，反而增加了红肿、疼痛、畏光、流泪和出现黄色分泌物等症状，就是患了急性传染性结膜炎，俗称红眼病，这是由细菌感染所引起的一种急性炎症。预防红眼病的有效方法是要做好池水的消毒工作；在农村要注意选好水域，千万不要到死水坑或被污染的河里去游泳。游泳后，如果感到眼睛有点发痒，不要用手揉，更不要用手绢或衣巾擦眼睛，可上岸用清水洗一下，或用凉开水、淡盐水冲洗，有条件可在游泳结束时，用氯霉素或青霉素眼药水点眼睛。已经得了红眼病，一定要暂停游泳，以免造成水域污染或使病情加重。

游泳时如果掌握不好呼吸，或跳水憋气不当，都可能发生呛水现象。呛水时，水不仅可进入鼻腔，而且可通过鼻腔进入鼻窦，倘若水不干净就容易引起鼻炎或鼻窦炎。鼻窦炎是一种很麻烦的病，除有局部胀痛和跳痛之外，还伴有流黄鼻涕和头痛症状。预防鼻塞炎，掌握正确的呼吸方法很关键，要尽量避免呛水，游泳之后也可往鼻腔内滴几滴消炎药水，以防细菌感染。

游泳时，如果感到耳朵发堵，或嗡嗡作响，说明水已经进入外耳道，应马上上岸将它排出。排水时一般多采用单脚跳排水法，例如右耳内进了水，将头偏向右侧，左腿提起然后在原地连续跳几次，水就可慢慢流出来。不少人还喜欢用吸引法，将头偏向进水的一侧，用手掌紧紧压住进水的耳朵，屏息呼吸，然后迅速提起手掌，反复数次即可将水吸出来。必要时可用消毒棉签慢慢伸进外耳道将水吸出来。千万不要用火柴杆、发卡或其他锐利的东西挖耳朵，以免因刺伤外耳道或鼓膜而引起感染。

禁止学生参与赌博行为

有些学生参加赌博，达到了骇人听闻的地步。一个人参与赌博，都是从小做起。而学生时期的赌博，容易从小额开始，如不洗手不干，就会越赌越大。赌博对学生的危害十分严重。首先，学生赌博占用了学习时间，分散精力，使他们的心往赌牌想，小小年纪就想不劳而获，最后只能与学校说声"拜拜"。一些学生公开聚赌，数额虽少，但赌得既起劲又认真。有的学生边赌边抽烟，说脏话，一副十足的"二流相"，与他们一身校服和红领巾十分不相称。他们赢了，买东西吃；输了，着急，甚至哀声叹气，有时还会出现打架的现象。也许，他们的家长还蒙在鼓里，不知道自己的子女已陷入以赌为乐的泥坑。

赌之为害，已被列入"黄赌毒"三害之一，不仅影响了学生的学习，也会造成家庭的悲剧出现。有些学生为了取得赌资，向父母要。要不了，就偷父母的钱，甚至变卖家庭财物，如果不还债就要做出极端行为，造成家庭的悲剧。有些学生因为赌博而走上盗窃、抢劫的犯罪道路。到头来，只能体会到"都是赌博惹的祸"的教训。

赌博又是群体的违法犯罪活动，直接牵涉人际关系。一旦参与赌博，赢了的不会满足，输了的总想着"翻本"（把输的捞回来），这样，往往会无休止地继续下去，势必会影响同学关系，同学之间的互助、友爱之情往往会被利害关系所替代。同时，赌博活动不可避免地要影响周围环境，大多数不愿参与赌博的同学有碍情面又不便或不敢出面直接制止，想学习、想休息、想从事其他娱乐活动者往往忍气吞声。时间一长，不满意、不信任的气氛必然产生。

43

为防止学生赌博行为的发生，作为家长，应该防微杜渐，加以重视，不要认为几角几毛钱赌博是闹着玩，没关系。另外，有些染上赌博恶习的家长也应该注意，由于家长没有以身作则，虽然是工作之余进行小赌，或是参加"六合彩"，但这些行为都可能影响涉世未深的子女，一方面使自己失去言教和身教的资格，另一方面会误导子女走上少年赌博的道路，到头来只能后悔莫及。

为有效制止赌博，作为老师，应该及时发现学生赌博的苗头，教育学生不能参赌，向学生讲解"赌博断送一个人的前途"、"赌博是邪路"、"十赌九输赌何益"的道理，用一些学生因赌而失学、因赌而走上犯罪道路的反面例子教育他们。

对于已染上赌博行为的学生，作为家长，应该将之看做一件大事来抓，跟踪儿女的赌博行为，及时加以制止，绝不姑息。作为学校，应该将制止学生赌博作为重点而常抓不懈的内容，做到教育从严，处理从宽。非不得已，不要随便开除学生，当发现学生赌博时，要与家长取得联系，合力制止。

由于赌博是一种吸引力很大的恶习，不能要求一旦发现，只要及时教育就能使学生马上改正，要反复做工作，耐心进行教育。作为家长要管好自己子女的零用钱，不能因家庭富裕就随随便便将钱拿给学生，尤其是当子女要钱说不出用途时，更要加强监管，不能为子女提供赌资，纵容他们的赌博行为。

跑 步 训 练

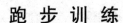

1. 上下肢协调配合，防止身体重心过分前倾而摔倒。

2. 中长跑起跑时不能拥挤，防止相互影响而绊倒摔伤。

3. 跑步练习中，非练习者严禁在跑道上停留，防止相撞而受伤。

4. 短跑及接力跑各行其道，严禁串道，特别在递棒后，要在原跑道缓冲。短跑等项目要按照规定的跑道进行，不能串跑道，这不仅仅是竞赛的要求，也是安全的保障。特别是快到终点冲刺时，更要遵守规则，因为这时人身体的冲力很大，精力又集中在竞技之中，思想上毫无戒备，一旦相互碰撞绊倒，就可能严重受伤。

5. 准备活动必须认真完成，结合专项练习，充分活动身体各部的肌肉、韧带、关节。

6. 严禁用起跑器、接力棒等器材打闹。

7. 跨栏跑包括：

（1）教师认真讲解跨栏跑技术的动作方法、注意事项等。

（2）多做辅助练习，由易到难，不过高要求技术动作。

（3）学生练习要服从教师指挥，严禁随意跨栏或反向跨栏。

46

跳 高 训 练

1. 要求学生认真做准备活动，将身体各部肌肉、韧带及关节充分活动开。防止由于准备不充分而发生伤害事故。

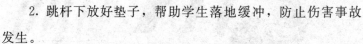

2．跳杆下放好垫子，帮助学生落地缓冲，防止伤害事故发生。

3．教学时采用分层进行形式，学生自己选择高度等级，按老师讲解的动作方法及注意事项进行练习，跳杆可先用皮筋代替。

4．练习时学生要听从老师的指挥，避免伤害事故发生。

蹲距式跳远训练

1. 教师作完整示范，并认真讲解动作过程、动作方法、易犯错误及纠正方法。

2. 练习要在沙坑中进行。

3. 学生按老师讲解的动作练习。

4. 助跑道严禁有非练习人员停留、穿越。

5. 准备活动：每个学生要认真地做准备活动，通过一般及专项准备活动充分活动身体肌肉、韧带及各关节。

跳远时，必须严格按老师的指导助跑、起跳。起跳前前脚要踏中木制的起跳板，起跳后要落入沙坑之中。这不仅是跳远训练的技术要领，也是保护身体安全的必要措施。

投掷实心球训练

1. 练习前教师作完整示范，并且认真讲解动作方法及易犯错误、练习要求。

2. 练习前学生要认真做准备活动，充分活动身体的各部肌肉、韧带及各关节。

3. 练习时相邻两个同学之间要有足够距离，不采用相向投掷的练习方式。

4. 学生要统一听从教师的指挥，统一投掷、统一取回，严禁随便抛掷器械，严禁用器械打闹。

在进行投掷训练时，如投手榴弹、铅球、铁饼、标枪等，一定要按老师的口令进行，令行禁止，不能有丝毫的马虎。这些体育器材有的坚硬沉重，有的前端装有尖利的金属头，如果擅自行事，就有可能击中他人或者自己被击中，造成受伤，甚至发生生命危险。

体 操 训 练

1. 教师在每节体操教学、训练过程中要先做完整的动作示范，示范要正确，选择好示范面，讲解动作要领时突出重点、难点，讲保护帮助方法时要清楚、简单扼要，更要强调学生的自我保护和他人保护的重要性。

2. 学生在教师作示范时要保持安静，认真观查，仔细琢磨，认真听老师讲解动作要领。

51

3. 学生在练习过程中，要按教师的分组要求到指定位置练习，听从教师的统一指挥，在练分解动作时，没有教师的允许任何人不得做连贯动作。保护者按教师所讲的帮助和保护方法认真完成本人的任务，一定要有责任心，不可与练习者交谈，开玩笑。

4. 每种体操教学、训练都应有相应的保护器械，如大小软垫等，学生应在上课前按教师的要求将保护器械放好，更要注意保护、爱护器材（不能拿器械玩耍）。

单杠、双杠训练

在进行单杠、双杠训练时，器械下面必须准备好厚度符合要求的垫子，如果直接跳到坚硬的地面上，会伤及腿部关节或后脑。做单杠、双杠动作时，要采取各种有效的方法，使双手握杠时不打滑，避免从杠上摔下来，使身体受伤。

保护者一般站在练习者侧前方或侧后方，选择好给予帮助的时机和力度，助其完成动作。学生练习时下方要有海绵垫保护。

保护者一般站在双杠外侧，特别要注意的是练习者在杠上做滚翻动作时保护者千万不能将手臂伸在杠面上去保护练习者，这样反而会使保护者受伤。学生练习时下方要有海绵垫保护。

支撑跳跃：在练第一腾空技术时，保护者可站在跳板与跳跃器械之间帮助练习者摆腿或托髋。在练第二腾空技术时，保护者可分腿站立在跳跃器械的前方，帮助练习者顶肩和推手。由于技巧项目中动作移动距离较大，也比较繁杂，保护者应随着动作进行相应的移动，主要看清教师的保护手法，严格按要求去做。

保护帮助应注意的问题：

（1）站位要得当。（2）部位要正确。（3）时机要恰当。（4）助力要适度。（5）重点要明确。

足球、篮球、排球训练

熟悉球性练习、技术练习、战术练习、教学比赛等。参加篮球、足球等项目的训练时，要学会保护自己，也不要在

53

争抢中蛮干而伤及他人。在这些争抢激烈的运动中，自觉遵守竞赛规则对于安全是很重要的。

（1）教师首先要检查场地、器材是否安全。

（2）学生自己检查服装，不要携带坚硬物品。

（3）在准备过程中尽可能把准备活动做好，把各关节活动好，降低肌肉的黏滞性。

（4）在做专项准备时学生要在思想上重视，因为这一点非常关键。

（5）在基本部分中要特别注意踝关节（足球），腕关节（篮球、排球）易外伤害。

体育活动禁止暴力行为

赛场上的激烈角逐，往往成为场外观众的兴奋剂，在狂热情绪的带动下，赛场上和赛场外有时会发生激烈的暴力冲突，甚至打架斗殴。中小学生一定要远离暴力行为，保护自身安全。

在体育活动中禁止携带、食用带有酒精的饮料或毒品，禁止携带、使用烟火或武器，禁止使用一切有可能激化矛盾的工具，其中包括标牌、旗帜等。

55

滑 板 运 动

滑板运动既可以锻炼学生的身体素质，也可以减轻他们的压力，但同时又存在很多问题：首先，学生们经常在街上等闹市区进行活动，危害自身及他人安全；其次，由于学生

滑板安全

56

的好奇心与好胜心，喜欢模仿一些高难度动作，但却缺乏专业的指导；最后，由于家长平时要上班，没有时间对孩子看护，很可能导致安全事故的发生。

要教育学生不要在公路、有积水、有坡度或不平坦等危险地方玩耍，而且一定要在大人或教练的指导下进行练习。如果学生不慎摔伤，首先对学生的伤口用碘酒、酒精进行清洗，做冷敷处理并贴上创口贴。如果伤口太深须立即带学生到医院进行处理。

做滑板运动一定要戴上各种防护设备，比如头盔、护膝、护肘、护掌等。通常在各种 U 池上运动的滑板手都需要佩戴所有这些装备。由于这些装备妨碍运动，而且街式滑板速度慢，冲击小，很多街式滑板者不佩戴这些，但是建议至少应该戴上头盔。

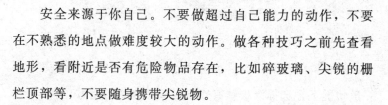

57

安全来源于你自己。不要做超过自己能力的动作，不要在不熟悉的地点做难度较大的动作。做各种技巧之前先查看地形，看附近是否有危险物品存在，比如碎玻璃、尖锐的栅栏顶部等，不要随身携带尖锐物。

越来越多的学生喜欢滑板运动。由于滑板具有很强的观赏性和易学的特点，很多爱好者也跃跃欲试。滑板前要注意：

1. 使用前将轮子调整好，使其运转自如。

2. 要根据自己的使用情况用锁紧螺母合理调整缓冲垫的弹性。

3. 要定期为轴承注油，增加轴承的润滑性，减少滑行的阻力。

4. 初学者需要在亲友的帮助下，在倾斜角度小的坡面上滑行，随着技术水平的提高，逐步调换不同的坡度。

5. 不要在潮湿或粗糙的路面上滑行，当要跳下滑板时，要观看是否能撞着周围的人或其他物品。

6. 如需换件，其换件应与原来部件为同一个规格型号。

滑板鞋

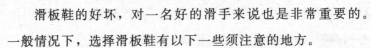

滑板鞋的好坏，对一名好的滑手来说也是非常重要的。一般情况下，选择滑板鞋有以下一些须注意的地方。

板鞋的强度：滑板鞋的鞋底和鞋帮的材料最好是聚胺脂的，鞋面最好是厚实的翻毛牛皮，这样比较耐磨。

板鞋的舒适性：一些滑手比较喜欢较薄的板鞋。这些板鞋的鞋底比较薄，但通常都有比较厚或带气垫的鞋垫，鞋面所用的皮质比较软，做动作时能清楚地感受到板面上的砂贴着脚面而过。而动作比较猛的滑手一般都选择比较厚实的滑板鞋。比如鞋底带气垫或油垫，鞋舌比较厚实，这样穿起来感觉比较裹脚。

轮 滑 运 动

轮滑又称滚轴溜冰、滑旱冰，是穿着带滚轮的特制鞋在坚硬的场地上滑行的运动。

1. 练习轮滑前，应先做好准备活动，尤其是手腕和下肢各关节及韧带，要充分活动开。

2. 如有可能，应戴一些防护用具，如轮滑专用的护腕、护肘、护膝及头盔等。现在很多体育商店都有这种轮滑的专

59

训练场

用护具。

3. 练习前要检查轮滑鞋的螺丝等紧固部件，以免滑行中因轮滑鞋出问题而受伤。

4. 初学者应在初学场内或规定范围内练习，或尽可能在人少的地方练习，不要任意滑行。初次学习轮滑时，最好有滑行熟练的同伴或辅导员进行辅导。

5. 禁止做危险或妨碍他人的动作，特别是在人多的公共轮滑场内，如几人拉手滑行、在速滑跑道上逆行或与大家滑行方向逆行、乱蹦乱跳、在场内横插乱窜、追逐打闹、突然停止等，这都是既妨碍他人又容易发生危险的事情。如果在公路上滑行，更要注意交通安全，最好在人少及车少的地方练习。

注意滑倒!

6. 学习轮滑时摔跤是不可避免的，但要学会在摔跤时做自我保护。方法是：当要向前或向侧摔倒时，要主动屈膝下蹲，用双手撑地缓冲，减小摔倒的力量；当要向后摔倒时，也要主动屈膝下蹲，降低重心，尽量让臀部先坐下，并注意保护尾骨处，同时低头团身，避免头部向后仰磕地；摔倒时应尽量避免直臂单手撑地，这样很容易损伤手腕。

7. 患有严重疾病的人（如有心脏病、高血压等）不宜参加激烈的轮滑活动，最多可以慢速滑锻炼一下。此外，过度疲劳的人也不宜参加轮滑活动。

特别提示

▲小心检查鞋带绳是否穿得妥当及系紧。

▲溜冰前，先要做一些热身动作。

61

▲开始溜冰时，要有十至二十分钟的轻松慢溜的过程。

▲人多时，应避免作突然停止或转身的动作。

▲当离开或进入溜冰场时，应小心避开迎面而来的其他溜冰者。

▲身上不应携带尖锐及容易弄伤身体的物品。

▲当跌倒时，记住要尽快起身及留心迎来的其他溜冰者。

▲初学者应佩戴轻便的头盔、护掌、护膝，以保障安全。

▲不要在街道及马路上溜冰。

▲停止溜冰后，要做些轻松运动使身体冷静下来，方可离开溜冰场。

卡丁车运动要注意安全

一、上下卡丁车须知

上车：

1. 驾车者站立在赛车的右侧；

2. 右手握住方向盘，左手抓住座椅靠背（请勿扶靠发动机）；

3. 左脚伸到座位左前部的空档处，放到刹车踏板处，右脚放到加速踏板处；

4．然后坐到座椅上。

下车：

1．两手撑住赛车两边（请勿扶靠发动机）；

2．抬起臀部，双脚从踏板处向后，收至座椅上，然后站立身体；

3．左脚跨出座椅，然后右脚也跨出座椅。

二、赛道故障示意

1．卡丁车左脚刹车，右脚踩油门；

2．驶出发车区时，请您务必减速慢行；

3．在行驶的过程中，如您的车在赛道内熄火或停止不能动时，要高举右手，等待救援；

4．无论看到工作人员挥动任何颜色的旗帜，都请务必减速慢行；

5．出现故障绝对服从场内工作人员的指挥；

6．无论出现何种情况，请千万不要擅自离开赛车，进入赛道。

63

滑 雪 运 动

初学者最好选用弹性好、长度短、雪板头较大些、轻便的滑雪板。滑雪杖保持平衡。雪杖的作用是帮助滑行及维持身体的平衡。固定器避免滑雪受到伤害。所有的滑雪板上都有将滑雪靴固定在其上的装置，在滑雪者跌倒时固定器会迅速松脱，因此是避免滑雪伤害的重要防护器具之一。滑雪靴要保暖合脚。初学者和业余者选择保暖合脚及防水的滑雪靴即可，最好选择靴筒较低的短靴，以免影响足踝的屈转。有色眼镜不可少。雪地上因阳光反射强烈，必须戴上有色眼镜来保护眼睛。镜架以塑胶制品较为安全，镜片颜色以黄色或茶色为佳。

　　初练滑雪应注意循序渐进，量力而行。在训练期间要按

教练和雪场工作人员的安排和指挥去做，在未达到一定水准时，不能擅自到有技术要求的雪区去滑雪，以免发生意外。在滑雪时，要注意与他人保持一定的间距，以免碰撞。人员较多时应调节好速度，不能过快过猛。

滑雪遇到险情的解决方法：

（1）缆车骤停半空

如果缆车突然发生了故障，而你恰巧就坐在离地面有段距离的空中，此时应该怎么办？

雪场缆车是一种架空的机械设施，一般雪季结束后要闲置七八个月后才会继续启用，有些零部件容易老化，所以其零部件的维护和保养至关重要。另外，缆车应急供电系统的正常运行也很关键。

正常情况下，缆车一旦发生停电情况，应急供电系统必须在 5 分钟内发挥作用，这就需要平时加强对应急供电系统的检查和维护。对于雪场的缆车，国家相关部门定期检查，只有合格的雪场才有资格开业。

应对策略：作为滑雪者，首先要确定自己的身体状况，比如恐高症患者就不适合坐缆车。另外，乘坐缆车之前要认真阅读乘坐须知，或在工作人员的指导下乘坐，尤其是缆车出站和进站的时候要准确地抬起护栏。乘坐缆车时要遵守规则，不要在缆车上互相打闹。

（2）使用拖牵摔倒

拖着拖着，你的脚跟不上了，手和拖牵把的距离越离越远了，身体被拉得变形了。

使用拖牵时，要了解基本乘用知识，几乎所有的雪场都会在这些设施旁边设有使用须知，一定要认真阅读。虽然拖牵旁边都会有工作人员帮助，但关键还是要靠自我保护。

应对策略：乘用拖牵时，如果感到身体失去平衡，应立刻松手，并自然摔倒，尽快移到 50 厘米之外的雪道上。

（3）失控触碰防护网

前方有人、脚下收不住，伸开双臂，冲向防护网（栏），然后停下来。

其实雪场的安全防护网有时候也是不安全的，比如冲击力很强的地方，尤其是雪道的正前方，如果用铁柱拉上安全网，滑雪者撞上之后很容易造成骨折、勒伤等。

有的雪场尝试用海绵垫子代替安全网，必要的地段采用

66

两者结合的办法。另外，拉网的柱子也做成了弧形，这样才能更好地保护滑雪者。

应对策略：对于滑雪者，一定不要把安全网当做救生网，其实滑雪的过程中，最好的自我保护措施就是，在感觉到身体失去平衡的时候采取正确的姿势主动摔倒，这种方式要比撞上安全网安全得多。

（4）摔倒于事故雪道

假如你在事故多发的雪道上摔倒了怎么办？

目前由国内滑雪者水平决定，大多雪场不适合建设又陡又长、难度高的雪道。雪道上不该设置急转弯，否则很容易造成事故。

体育总局要求，雪道上的雪至少要达到30厘米厚，如果积雪太薄，滑雪者摔倒时很容易受伤。此外，从雪场管理的角度来说，雪道维护至关重要，一般雪场晚上10时之后就要进行雪道维护，直至第二天早上开始营业。

应对策略：消费者在滑雪时一定要选择合适的雪道。另外，还要学会如何辨别雪道的合理性，如辨别积雪厚度，只需看看雪道上有没有露出的草叶就能大概知道了，因为一般雪道上在造雪前都是草地，草叶的长度差不多也有30厘米。

（5）冲上高级滑道

在不分滑雪区域里滑行是十分危险的！

滑雪区域不分、雪场人满为患、滑雪者对自己滑行能力认识不够，会导致贸然冲上中高级道。加之雪场管理有漏洞，

67

不能及时制止和疏导非滑雪者，因此要保持与雪道的安全距离。

目前许多雪场已经开辟了专门的训练区，有些雪场还给初学者穿上标志性的背心，提示大家尽量与学习者保持距离。

应对策略：滑雪时应选择和自己水平相当的雪道，尽量避免去人多的地方，否则难免会被人撞倒。

公园划船要安全

上船前，将自己的贵重物品妥善保管，避免因不慎落入水中给您带来经济损失。

不要在雨天、风大浪急时划船。

祖胸露背、着泳装、赤足等衣冠不整者及无人监护的1.2米以下的儿童、老弱病残人员和精神障碍者不得进入水上乐园游玩。

严禁酒后乘坐游玩船只。

不要在船上站立和打闹。游玩时严禁打闹、摇摆船只，严禁脱鞋、光脚的游客乘坐船只，以避免竹筏上的铁丝或水内杂物将脚划伤。

不要集中坐在船上的一侧。

在船只上游玩时，要听从水上安全员的指挥，认真遵守水上乐园的须知及有关规定。遇到恶劣天气，为了保证游客安全，水上乐园项目禁止运营。

怎样抢救落水人

如果乘船过程中遇到事故不幸溺水，应学会现场急救知识。

（1）把船桨或结实的绳子递给落水人。

（2）把救生圈、木板等能够浮起的物体扔给落水人。

（3）大声呼救，请求别人救助。

武 术 训 练

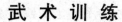

平时训练时：

1. 要在平坦的地面上进行。

2. 在练习前要做好准备活动。

3. 柔韧练习不要急于求成，以免拉伤韧带。

4. 不要在恶劣的天气里练习。

5. 在练习时要检查器械是否安全、牢固。

6. 在集体练习时要注意距离，以免伤害同学。

7. 对练时要顾及同伴的动作速度和幅度。

参加武术训练班的同学：

1. 必须遵守校纪校规，坚决服从各级领导的安排。

2. 崇尚武术道德，勤学苦练，增强体质，发扬武术，弘扬正气，把武术精神应用到文化学习中。

3. 尊重教练，尊重会友，尊重其他同学。

4. 尊重武术文化，爱护服装，爱护器械。

5. 按时上课，认真听取教练的指导，严格按照教练的要求训练，不得私自训练，以免受伤。

6. 不得私自与其他同学实战，除非有教练在场允许的情况下并且按教练指导方可实战。实战中更加不可与有矛盾的同学私自决斗。

7. 训练场上不得抽烟，训练时不得吃东西。

学生玩电脑游戏弊大于利

电脑游戏包含两大类：硬件游戏和网络游戏。70％的中小学生喜欢玩网络游戏。目前，网络游戏可分为五大类：角

色扮演、回合战术、第一人称射击、即时战略和棋牌类游戏。其中角色扮演类游戏是现在网络游戏中最红火的。玩家们控制自己的角色在虚拟的世界中交谈、组队，甚至共结连理，体验着另一番人生的苦与乐。这正是网络游戏如此受欢迎的原因，使它能在较短的时间内风靡全球，其发展势力方兴未艾。然而，正是这样一个虚拟世界给学生带来了许多弊端。

　　生活不顺心、学习压力大以及很强的逆反心理等因素导致了他们选择了一个发泄的空间——虚拟空间。在这里，他们可以摆脱现实生活中的一切，去做平时在现实中做不到的事情。但是，电脑游戏犹如鸦片一样，使得学生越陷越深。逃课、夜不归宿、睡眠不足等问题接踵而至，学习成绩自然大幅度下滑。曾经有一名学生写了一首新版《如梦令》：昨夜鏖战星际（一种流行游戏），今日浑身无力。恍惚欲入梦，却闻鼾声四起。诧异，诧异，全班睡成一体。

72

电脑游戏损害学生的身心健康

（1）长时间使用电脑危害学生的身体健康

　　电脑显示器的原理和电视机一样，当阴极射线管发射出的电子流撞击在荧光屏上时，即可转变成可见光，在这个过程中，会产生对人体有害的 X 射线，还会产生低频电磁场。青少年尚处于发育阶段，脑细胞极易受到损害，长期在电磁波的辐射下，血液中的白细胞、红细胞数量会明显减少，并使血液速度减少，容易导致青光眼、失明症、白血病、乳腺癌等病症。据不完全统计，常用电脑的人中感到眼睛疲劳的占 83％，肩酸腰痛的占 63.9％，头痛和食欲不振的则分别占 56.1％和 54.4％，其他还出现自律神经失调、抑郁症、动脉硬化性精神病等等。

长期使用电脑最受害的是眼睛。因为在注视着荧光屏时，如果间隔很久不眨眼，会导致眼睛干涩、灼热，或是有异物感，视力不稳定或暂时模糊。可能还会觉得眼皮沉重、眼球胀痛甚至头痛。由于长时间使用鼠标、键盘，在电脑前一坐就是一整天，反复单一的动作由于幅度变化小，需要相当大的静态支持力，长期处于这种情况下，容易产生局部性骨骼肌肉系统的疲劳和负担。这就使部分神经肌肉组织呈紧张状态，如腕部紧张持续时间长久，会引起手、腕、臂甚至肩部的肌腱发炎、疼痛，有时可累及腱鞘和肌肉组织，形成"腕管综合征"。

（2）心理疾患不容忽视

近几年来，随着计算机产业的发展，网络普及率越来越高，国外心理学专家研究发现，经常与电脑打交道的人，由于长时间面对没有生命的电脑屏幕，不但会在不知不觉中生出一张表情淡漠、冷峻的"电脑脸"，而且会影响日常的人际交往，进而产生心理和精神上的障碍。患上"情感冷漠症"，表现为对外界刺激缺乏相应的情感反应，对亲友冷淡，对周围的事物失去兴趣，面部表情呆板，内心体验缺乏，严重时对一切都漠不关心。电脑导致的情感冷漠与普通的冷漠还有所不同，一般的冷漠可能是由于精神疾病引起的，而这种冷漠可以说是由电脑引起的，患者不是对所有的事物失去兴趣，而是把这些兴趣都转移到电脑世界之中。

许多学生因为沉迷于电脑游戏而患上"网络成隐症"、"网络疏离症"等新型精神疾病。杭州市某校的一名中学生以前是学习成绩优秀的好孩子，后因迷上网络游戏受到刺激，经常一个人傻笑，只要一玩游戏就喊"外星人来了，快逃"，父母将他送到医院去治疗，医生的诊断是：玩游戏受到刺激，没有得到及时的疏导，从而导致间断性精神失常。

（3）诱导学生犯罪

学生沉迷于网络游戏中难以自拔，用身上的零钱难以维持后发展为说谎、向父母骗钱，再发展为向低年级学生勒索钱物，最终发展为偷窃、厌学、诈骗，甚至离家出走。因此，人们说一些电脑网络游戏对学生的毒害不亚于毒品，将其比做"电子海洛因"，是毒害青少年的精神鸦片，是危害青少年身心的罪魁祸首并不为过。所以学生应该好好控制自己，不能沉迷于网络游戏。

许多游戏中都含有大量的暴力镜头和黄色信息。学生涉世未深，正处在生长发育期和青春萌动期，面对暴力和黄色信息抵御能力较差，可能导致他们在道德上的扭曲甚至堕落。更可怕的是，青少年一旦沉迷于色情网络将难以自控，走上犯罪道路、葬送自己一生前程的案例已见诸报端。可这并不

能怪电脑，因为电脑本身没有害处，而是这些学生没有好好地利用电脑，所以才会走向犯罪道路。

不久前，某市连续发生几起重大未成年人恶性犯罪案件，均与孩子为弄钱玩电脑游戏有关，有的形成犯罪团伙集体作案，偷窃、抢劫到钱后到游戏厅挥霍一空。

从上可知，电脑游戏对学生所造成的危害是不可估量的。因此，它在众人眼里是妖魔的化身。既然电脑游戏这么受学生的欢迎，难道它就一点好处都没有吗？经过我们探索发现，其实电脑游戏既不是天使也不是魔鬼，而是中性物，有利也有弊，关键看你怎么使用它。如果沉迷于电脑游戏，那后果是不堪设想的。

冬季运动的防护

冬季，人体的肌肉、韧带在寒冷的刺激下会出现黏滞性增加，使肌肉的弹性和伸展性降低，各关节的生理活动度减少。

因此，每次锻炼前一定要注意做好充分的准备活动，以免造成损伤。

人们通常都用鼻子呼吸，因为冷空气经过鼻子的过滤之后，不仅可以保持清洁和湿润，而且可以增加温度，从而对呼吸系统起到保护作用。

76

但是，从事剧烈运动时，只用鼻子呼吸会影响肺通气量。为了增加肺通气量，运动时应该用口鼻同时呼吸。但是，当冷空气和灰尘直接刺激咽喉和气管的粘膜时，就会引起咳嗽，甚至导致感冒和呼吸道炎症。

冬季运动要注意以下几点：

（1）防止受寒冻伤。冬天锻炼，应根据户外寒冷变化来增减衣服，对暴露在外的手、脸、鼻和耳朵等部位，除了经常搓、擦以促进局部血液循环外，还应抹上适量的防冻膏、抗寒霜、油脂等以防皮肤冻伤。

（2）注意感官卫生。冬季风沙大，浓雾弥漫，加上地面空气污染日益严重。因此，大风、大雾的天气不宜在户外锻炼。

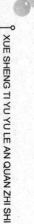

夏天锻炼怎样避免中暑

中暑是指在烈日下或高温环境中工作时，体温调节发生障碍的一种急性疾病。轻度中暑时，患者常有头晕、头痛、心悸、恶心等感觉；严重者常出现汗液分泌停止、体温急剧升高、昏迷等症状，如果不及时抢救，常有生命危险。

11:00～16:00 ✗

78

　　人体是恒温的，尽管外界环境的温度变化很大，但人的体温总是稳定在 36.5℃－37.5℃ 之间，也就是说，人的体温波动大体不超过 1℃。这是由于人体在体温调节中枢的调节下，通过改变产热和散热过程，使体温维持平衡的缘故。

　　人在气温低于皮肤温度（约 33℃）的条件下从事体育锻炼，尽管体内不断产生大量的热能，但在体温调节中枢的调节下，使皮肤血管扩张，身体内部的热量可以很快地被送到身体表面，然后通过辐射、对流和传导等不同方式，将这些多余的热量散发掉。同时，体温调节中枢还使汗腺加速工作，分泌大量的汗液，然后通过汗液蒸发使体热更快散发，从而维持了体温的相对稳定。在夏天从事体育锻炼，如果气温超过 34℃，再加上湿度大，天气闷热，辐射、对流、传导和蒸发等散热过程都发生困难，于是体内的热量大量积累，体温急剧升高，最后导致中暑。

夏天从事体育锻炼，必须预防中暑和日射病。那么怎样预防呢？

首先要安排好锻炼时间。除游泳之外，夏季每天的锻炼时间最好不要安排在 11—16 点钟之间，因为这段时间不仅气温高，而且骄阳似火，紫外线的照射最强。

夏季锻炼还要选好场地和环境。夏天锻炼时应选择在公园、湖边或其他绿树成阴的地方。

运动中，根据需要适当饮水对预防中暑具有重要意义。

79

夏季锻炼须知

一到夏天，不少人因稍一活动就大汗淋漓而中止了锻炼。小学生夏季锻炼身体要注意以下几点：

1. 忌在强光下锻炼。夏季阳光中紫外线特别强烈，人体皮肤长时间照射，可以发生 1—2 度灼伤。紫外线还可以透过皮肤、骨骼，辐射到脑膜、视网膜，使大脑和眼球受损伤。

2. 忌锻炼时间过长。一次锻炼时间不宜过长，以 20—30

分钟为宜，以免出汗过多，体温上升过高而引起中暑。

3. 忌锻炼后大量饮水。大量饮水会出汗更多，使盐分进一步丧失，从而引起痉挛、抽筋等症状。

4. 忌锻炼后立即洗冷水澡。如果遭到过冷刺激，会使体表已开放的毛孔突然关闭，造成身体内脏器官功能紊乱，大脑体温调节失常，以致生病。

5. 忌锻炼后大量吃冷饮。大量的冷饮不仅降低了胃的温度，而且冲淡了胃液，使胃的生理机能受损，轻则引起消化不良，重则导致急性胃炎。

6. 忌锻炼后以体温烘衣。有些人自以为体格健壮，常懒于更换汗衣，这样极易引起风湿或关节炎等疾病。

秋季锻炼防护方法

　　抓住秋天好好锻炼一下身体，对迎接严冬的考验是非常有必要的，不过要是没有掌握正确的锻炼原则，在锻炼中伤了自己，恐怕是事倍功半，因此特别提醒学生，锻炼也要讲方法。

　　秋季锻炼有很多好处，因为入秋之后，气温适度，气候宜人，在这样的季节养成锻炼的习惯，让身体受到良性的刺激，会更加容易适应进入冬季后气候的变化。另外，锻炼还能增强体质，增进机体的耐寒抗病能力，提高心血管系统的功能，增加大脑皮层的灵活性，保持清醒的头脑和旺盛的精力。锻炼后胃液分泌加多，肠胃蠕动增快，可以提高消化和吸收功能。像慢跑，做操，打太极拳，散步，登山，打乒乓球、羽毛球等都是适合秋季的运动，学生可以根据自己的爱好选择。

　　1. 注意衣着，防止感冒。

　　秋季和夏季不同，清晨的气温已经开始有些低了，锻炼时一般出汗较多，稍不注意就有受凉感冒的危险。所以，千万不能一起床就穿着单衣到户外去活动，而要给身体一个适应的时间。

82

出去锻炼时应该多穿件宽松、舒适的外套，等准备活动做完或锻炼一会儿身体发热后，再脱下外衣，免得室内外温差太大，身体不适应而着凉感冒。锻炼后如果汗出得多，在往回走的路上也要先穿上外套，等回到室内再脱去汗湿的衣服，擦干身体，换上干燥的衣服。

秋季锻炼时切忌"要单儿"，不热身就穿背心短裤上阵，穿汗湿的衣服在冷风中逗留也容易伤风感冒，应该尽量避免。

2. 做好准备，防止拉伤

对于任何一种运动来说，准备活动都是必需的，一点儿放松关节和韧带的活动都没做，是比较危险的。

因为人的肌肉和韧带在秋季气温较低的情况下会反射性地引起血管收缩、黏滞性增加，关节的活动幅度减小，韧带的伸展度降低，神经系统对肌肉的指挥能力在没有准备活动的情况下也会下降，锻炼前若不充分做好准备活动，会引起

关节韧带拉伤、肌肉拉伤等，严重影响日常的生活，锻炼反而成了一种伤害。所以无论多大年纪，在锻炼之前准备活动都要做，时间长短和内容可以因人而异，但一般应该做到身体微微有些发热比较好。做完准备活动后，无论进行舒缓或较急促剧烈的活动，身体都能适应，才能达到锻炼的目的。

3. 循序渐进，切忌过猛

有的人觉得运动量大，身体才能练好，抵抗力强。其实不然，运动跟吃饭、睡觉一样，都是适度才好。运动量过大或过小都对健康没有好的影响，只有适当的运动才能起到健身防病的作用。不运动身材容易变胖，体内各个器官的机能都会下降，直接引起身体的抵抗力和应激能力降低，导致各种疾病；运动过度则会大量消耗体力而得不到恢复，日子久了反而积劳成疾。

秋季锻炼和其他季节锻炼一样，运动量应由小到大，循序渐进。锻炼时觉得自己的身体有些发热，微微出汗，锻炼后感到轻松舒适，这就是效果好的标准。相反，如果锻炼后十分疲劳，休息后仍然身体不适，头痛、头昏、胸闷、心悸、食量减少，那么您的运动量可能过大了，下次运动时一定要减少运动量。

从中医理论讲，秋天又是一个人体的精气都处于收敛内养的阶段，所以运动也应顺应这一原则，即运动量不宜过大，切勿弄得大汗淋漓，以防出汗过多造成阳气耗损。运动宜选择轻松平缓、活动量不大的项目适时有度、循序渐进地进行。当周身微热，尚未出汗时就可以停止，以保证阴精的内敛，不使阳气外耗。

4. 晨跑锻炼，不宜路边

秋天在林阴大道上慢跑，呼吸清新的空气有利于人体健康。但是现在在城市中，车水马龙的马路越来越多，不少人为了省事，就在马路边慢跑来锻炼，其实这是很不健康的。因为秋季气候干燥，灰土容易飞扬起来，使空气受到污染，在马路边跑步，肺活量增加，会吸入更多的灰尘和汽车排出的有害气体，无形中增加了对身体的损害。所以晨跑和锻炼最好选择在公园等既安静又干净的地方进行，而不宜在马路边慢跑。

5. 运动保护，预防损伤

由于人的肌肉和韧带在秋季气温开始下降的环境中容易

反射性地引起血管收缩，关节生理活动度减小，因而极易造成肌肉、肌腱、韧带及关节的运动损伤。因此，每次运动中

还要注意运动的方法，除了做好充分的准备活动外，运动的幅度、强度都要重视，不要勉强自己做一些较高难度的动作。

健身运动应结合每个人自己的健康状况来合理安排，每种运动都会消耗一部分能量，产生各种代谢产物，并打破身体内原有的平衡状态，因此，恢复过程实际是运动的一部分，只有通过适当的休息、补充营养和理疗等方式使机体重新恢复和建立新的平衡，整个身体才能保持健康的状态。如果不经过充分休息就再次进行剧烈的运动，机体的负担会进一步加重，使代谢产物堆积，机体内的平衡严重失控，如果不能通过必要的医疗手段予以纠正，就会向疾病方向发展。这样，不但达不到健身的目的，而且导致健康的损害。

体育锻炼的五点注意

1. 任何人如果在运动结束 10 分钟后，心跳次数每分钟仍在 100 次以上，则不应再加大运动量，应根据情况适当减少运动量。

2. 运动量应从小到大，时间应从短到长，循序渐进。

3. 进餐与运动至少间隔 1 小时以上。

4. 运动最适宜的温度是 4℃－30℃。

5. 运动时若出现头晕、头痛、心慌、恶心、呕吐等不适症状时，应立刻停止，必要时需就医。

87

在游乐场活动应注意哪些安全问题

随着科学的发展、社会的进步，现代游艺机和游乐设施充分运用了机械、电、光、声、水、力等先进技术，集知识性、趣味性、科学性、惊险性于一体，深受广大青少年、儿童的普遍喜爱。对丰富人们的娱乐生活，锻炼人们的体魄，陶冶人们的情操，美化城市的环境，发挥了积极的作用。近些年来，游乐业发展迅速，大大小小的游乐场遍布各地。现代游乐设施种类繁多，结构及运动形式各种各样，规格大小相差悬殊，外观造型各有千秋。目前，游乐设施依据运动特点共分为 13 大类，即转马类、滑行类、陀螺类、飞行塔类、赛车类、自控飞机类、观览车类、小火车类、架空游览车类、光电打靶类、水上游乐设施、碰碰车类、电池车类。去游乐场活动应注意的安全事项有：

▲最好有家长或老师带领，活动时要遵守游乐场的安全规定。不准低年级小学生单独乘坐游乐设施。

88

▲要选择经国家检测合格，比较安全、正规的游乐场。按照国家规定，在用游艺机和游乐设施定期检验周期为一年，凡经过安全检验合格的游乐设施，由质量技术监督部门颁发安全检验合格标志，并粘贴在游乐设施的醒目地方，游客不要乘坐未检、检验不合格或超期未检的游乐设施。

▲注意乘坐须知：在游乐设施的醒目地方都安装有"乘客须知"，要仔细阅读后再行乘坐，切勿翻越栅栏。乘机前乘客一定要在安全栅栏外等候，人多时要排好队，切不可翻越栅栏。

▲听从工作人员的指挥：乘客按照工作人员的指挥顺序上下。上下车时，请注意头上和脚下，以免磕碰或跌倒。

▲注意系好安全带：在游乐设施未停稳之前不要抢上抢下，乘坐时要系好安全带，要检查一下是否安全可靠，运行时

请两手握紧安全把手或其他安全装置，安全带绝对不能解开。

▲切勿将身体部位伸出舱外：乘客乘坐游乐设施时，在座椅上正姿坐好，不要走动，切不可将手、脚、头等部位伸向舱外，以免碰伤、刮伤、擦伤。不要故意摇动座舱，严禁乘客私自开启舱门。不要开玩笑或冒险做出一些

危险的举动。

▲不要站立拍照：游乐设施在运行中，切不可随意站立或半蹲，更不允许在运行中拍照。

▲注意保管好自带物品：运行中，应妥善保管好自带物品，不要向外散落、投掷，容易掉落的眼镜等，请预先摘下。

▲发生意外时千万别惊慌：游乐设施在运行中，发生停电等故障时，在工作人员未通知前，不要下车，只有在座舱内是最安全的，等待紧急救援。

▲乘坐赛车、卡丁车应当小心：乘坐赛车、卡丁车时不要穿着外衣、围长围巾、留长发或长辫，否则危险。

▲水中娱乐要防止意外：在环绕池及造浪池中，注意不要将头部伸向吸水口和喷水口的地方，防止发生意外。

▲玩水滑梯要注意安全：严禁在滑道上站立、蹲立或头朝下；在同一滑道内禁止两人同时或前后紧接下滑；入水后应迅速离开，避免发生碰撞。

▲患病或身体不适时，不要勉强参加活动。

游戏时如何保证安全

游戏是同学们生活中的重要内容，在游戏中也要树立安全观念：

1. 要注意选择安全的场所。要远离公路、铁路、建筑工地、工厂的生产区；不要进入枯井、地窖、防空设施；要避开变压器、高压电线；不要攀爬水塔、电杆、屋顶、高墙；不要靠近深湖（潭、河、坑），水井，粪坑，沼气池等。这些地方非常容易发生危险，稍有不慎，就会造成伤亡事故。

2. 要选择安全的游戏来做。不要做危险性强的游戏，

不要模仿电影、电视中的危险镜头，例如扒乘车辆、攀爬高的建筑物、用刀棍等互相打斗、用砖石等互相投掷、点燃树枝废纸等。这样做的危险性很大，容易造成预料不到的后果。

3. 游戏时要选择合适的时间。游戏的时间不能太久。这样容易过度疲劳，发生事故的可能性就会大大增加。最好不要在夜晚游戏，天黑视线不好，人的反应能力也降低了，容易发生危险。

4. 患病或身体不适时，不要勉强做剧烈活动。

放风筝应该注意什么

春天，放学后或节假日，许多同学爱到户外去放风筝。放风筝应该注意什么呢？

1. 不要在公路或铁路两侧放风筝。公路上来往车辆多，情况复杂，铁路上也常有火车通过。许多同学为了把风筝放起来，只顾向前奔跑，还有的同学喜欢拉着风筝线倒退着走，这时如果有火车或汽车通过，就容易出交通事故。

2. 不要到农村场院内放风筝。农忙时，场院内有许多临时安装的电灯、电闸等。如果不注意，风筝搭上电线，就易造成短路，不但有触电的危险，还有可能引起火灾。

3. 不能在设置高压线的地方放风筝。这些地段高压线密集，若风筝搭在高压线上，容易造成人员伤亡和电器设备的损坏。

滑冰如何保证安全

1. 要选择安全的场地，在自然结冰的湖泊、江河、水塘滑冰，应选择冰冻结实，没有冰窟窿和裂纹、裂缝的冰面，要尽量在距离岸边较近的地方。初冬和初春时节，冰面尚未冻实或已经开始融化，千万不要去滑冰，以免冰面断裂而发生事故。

2. 初学滑冰者，不可性急莽撞，应循序渐进，特别要注意保持身体的重心平衡，避免向后摔倒而摔坏腰椎和后脑。在滑冰的人多时，要注意力集中，避免相撞。

3. 结冰的季节，天气十分寒冷，滑冰时要戴好帽子、手套，注意保暖，防止感冒和身体暴露的部位发生冻伤。

4. 滑冰的时间不可过长，在寒冷的环境里活动，身体的

95

热量损失较大。在休息时，应穿好防寒外衣，同时解开冰鞋鞋带，活动脚部，使血液流通，这样能够防止生冻疮。

4. 患病或身体不适时，不要勉强参加活动。

燃放烟花爆竹如何保证安全

1. 儿童燃放爆竹时应该由大人带领。

2. 烟花爆竹应该存放在远离火源的安全地方，不能放在炉火旁。

3. 为了防止发生火灾，严禁在阳台、室内、仓库、场院等地方燃放鞭炮。也不允许在商店、影剧院等公共场所燃放。

4. 严禁用鞭炮玩打"火仗"的游戏，这样做很容易伤人。

5. 燃放时，应将鞭炮放在地面上，或者挂在长杆上，不要拿在手里。

6. 点燃鞭炮后，若没有炸响，在未确认不存在安全问题以前，不要急于上前查看。

7. 燃放烟花爆竹，不要横放、斜放，也不要燃放"钻天猴"之类的升空高、射程远的难以控制的品种，以防引起火灾或炸伤人。

学生要积极参与户外活动

因为户外运动时孩子受了伤，就决定今后不带孩子参与大型户外运动，未免有点偏颇。

孩子除平时要加强体育锻炼外，应多到野外参与户外运动，尽情呼吸新鲜空气，充分享受阳光，特别是"零距离"亲近大自然时，能使孩子们新陈代谢加快，刺激生长激素分泌，增大肺活量，增加食欲，同时放松和调节了他们的心情。

学校和家长应有选择地让学生们参与力所能及的户外运动，比如参加踏青春游，去森林公园认树、识花、辨草，或去博物馆、科技馆，接受现代科技知识教育，也可以到烈士陵园接受革命传统教育等，不一定非要爬山涉水。不要让学生参与带冒险性质的大型户外运动。

1. 培养学生的自我防护意识

锻炼是促进学生身心健康成长的一种重要手段。尤其是大型户外活动，不仅增强学生的身体素质，更重要的是在活动过程中，培养学生们的竞争意识，培养其独立生存能力，提高其面对挫折的勇气。如果仅仅是因为学生在活动中受到伤害，就取消了学生的户外活动，岂不是因噎废食？其实，

我们所要做的是加强学生的自我防护意识，教给学生一些自我保护的方法。诸如：登山活动中，下山时是不能跑着下山的；游泳活动中，下水前一定要做好准备活动，防止抽筋；野外迷了路，有哪些自救手段等等。

学生每天参加适量运动有益于身体成长，特别是参加一些大型户外运动更有利于身心健康，但这必须在有安全保障的情况下进行。

现在锻炼身体越来越被人们接受，身体健康是头等大事，尤其是学生更要积极投入。第一，他们这个时候正处于身体发育期，适度的体育锻炼一方面可以促进身体健康成长，另一方面也能丰富业余文化生活；第二，参加适量的户外运动，如登山、滑冰、游泳等，不仅能够促进身体的发育成长，更能够磨炼个人意志，造就一个人的胆量和气魄。

2. 多创造户外运动的机会

学生户外运动少、体育锻炼少、集体活动少是他们的共性。随着生活环境的改善和学习压力的不断增加，他们参与户外活动的积极性也受到影响。学生参加户外运动，家长应予以支持，前提是必须有成年人的带领和保护。因为未成年人的心智不健全，万一出现什么闪失，无法采取应急措施。另外，未成年人适度地参与一些户外活动，并通过户外运动，加深对环境、自然，以及社会概况的了解和认识，对自身的健康成长起到积极的作用。同时，对社会、家庭和个人的成长都是大有裨益的。

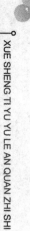

99

参加运动和比赛要注意哪些安全事项

一般人参加体育运动和比赛的目的是增强体质，以便有充沛的体力和精力投入到工作中去。在运动和比赛时，注意安全是极为重要的。在参加运动和比赛须注意哪些安全事项呢？

加强安全教育：要使全体体育工作者及参加运动和比赛的运动员从思想上认识到注意安全的重要性，并使他们了解

100

运动损伤发生的原因、预防的措施，以及学会一旦发生运动损伤的一些急救措施。同时，要使他们明确运动创伤是完全可以预防的。此种教育可由有关领导、教练、医生或比赛的组织者来进行。

做好身体检查工作：凡参加体育运动和比赛者，赛前要检查身体，不合格者不得参加剧烈运动和比赛。身体机能状态不良，如过度疲劳、患病、病后初愈等均会引起体力下降，动作的力量、灵活性和协调性也会下降，运动时极易发生运动创伤或加重疾患，因此有上述状况的人不宜参加剧烈的运动和比赛。

做好充分的准备活动：运动或比赛前要充分做好准备活动，以便将大脑皮层的兴奋性调节到最适宜的状态，使

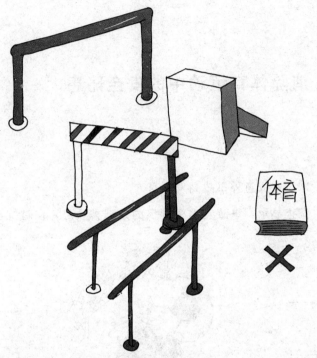

机体各部分的机能活动加强，以承受即将开始的正式运动和比赛。

　　加强保护和自我保护：在运动或比赛中，缺乏保护或保护不当均可发生运动创伤，这在体操运动中尤为重要。运动员要学会各种自我保护的动作，例如跳伞运动员落地、排球运动员救球时的翻滚动作，自行车、摩托车运动员翻车倒地时的翻滚动作均有其独特性，运动员必须熟练掌握。另外，要注意设置必要的保护装置，例如摩托车运动员比赛时必须带防护头盔及穿皮靴，以防意外事情的发生。

消除体育运动中的安全隐患

球类造成意外事故高发项目

调查显示，事故发生率最多的是球类项目，在对抗性球

类项目中学生事故发生率高是由于学生的基本技术水平低、自我意识较差、对竞赛规则不够重视。人体频繁地发生身体与碰撞，而学生又不能很好地控制自己的情绪和动作幅度，一旦自我保护意识稍差，就很容易发生伤害事故。

（1）伤害部位多集中在四肢

四肢是伤害事故的多发部位。同时可见，男生在伤害事故的发生中更易造成骨折或骨裂，这与男生更喜欢从事竞争性、对抗性比较强、比较激烈的体育项目有关，由他们的自我保护意识比较薄弱，运动强度和节奏控制能力较差所致。

（2）90％的事故均可避免

学生和老师都认为大部分事故是可以避免的，而那些可以避免的事故中绝大部分具有一定的偶然性。

体育运动中的安全隐患常常隐藏于很多细小的环节之中，这些安全隐患乍看也非常普通，道理也很简单，可是只要教师不着重指出，或对安全的注意事项要求不严，学生在运动时麻痹大意就容易导致运动损伤。

如果准备部分的热身操、徒手操每个学生都能认真对待；如果教师在安排准备活动的时候，不过度地追求活动的气氛，如竞争比较激烈的游戏，从而忽视了基本教材的特点，事故的发生也许就会减少；如果在课内作业时，教师对保护与帮助再强调一下，学生相互的保护与帮助更认真、投入，事故的发生也许就会减少；如果学生能加强自我保护意识，在学练过程中更认真对待，那么事故的发生也许就会减少。这也从另一个方面反映出无论教师还是学生，安全意识相对都比较薄弱。

103

104

在硬地上过多地跑跳好不好

  一般来说，进行跑跳等锻炼多在田径场、足球场、泥质篮排球场或室内地板场地上进行。田径场及草地、泥质场地较松软，室内地板有一定弹性，可减轻地面对人体跑跳时的反作用力，减轻人体下肢各关节的负荷，有利于关节的保护。

  而水泥或沥青的室外球场，地面坚硬，弹性较差，在这样的地面上跑跳会增加下肢关节的负荷，不如在较松软而有弹性的地面跑跳好。

  但是有一些学校条件所限，只有水泥球场，体育课及课外锻炼只能在此进行，这对身体会不会有什么不良的影响呢？要

说影响有一些，但并不可怕。因为人体的解剖结构有一套防震装置，譬如"S"形的脊柱，就对地面震动的力量有分散作用；落地时关节往往略弯曲，也使震动力分散减弱；骨盆的拱形结构及足弓也能缓冲上下传递的力，膝关节内有一块"半月板"垫在关节当中，每节脊椎骨间的推间软骨等，都是缓冲装置。因此，每周两次体育课或几次课外锻炼不会有什么不良后果。

当然，有条件的话最好不要长时间在过硬的地面上跑跳。另外，如在硬地上进行锻炼时，应做好充分的准备活动，特别将下肢各关节，如膝关节等要充分活动开，锻炼时足落地方法要正确，使步子轻松些及略带弹性，步子不要过大，以免由于小腿过分前伸而加大地面对膝关节的震动，锻炼后要注意下肢各关节的整理活动，可在膝关节处做些按摩等，以保护下肢各关节，尤其是膝关节不受损伤。

105

运动前为什么要做好准备活动

准备活动是指在训练或比赛前为正式运动作准备而进行的各种身体练习。在运动前做好准备活动是非常必要的。准备活动不仅可以使人体从安静状态逐渐活动起来，提高中枢神经系统的兴奋性，动员和提高各器官系统的机能，克服肌体机能活

动的生理惰性，以适应剧烈运动的需要，还能增加肌肉中毛细血管开放的数量，提高肌肉力量和提高韧带的弹性和伸展性，使关节腔内的滑液增多，防止肌肉和关节的损伤。

人体在剧烈运动时，脉搏可增至 160—190 次/分，有时甚至可超过 200 次，心脏每分钟输出血液量可增加 5—6 倍，呼吸频率可达 40—50 次/分，肺通气量每分钟可增至 70 —120 升，这说明在剧烈运动时内脏器官的变化是极为深刻的。由于支配内脏器官的植物性神经系统的惰性较运动神经大，所以当肌肉开始工作时，内脏器官的活动不可能一下子就跟上运动的需要，而要有一个适应的过程。准备活动正是可以克服植物性神经系统的惰性，预先使各内脏器官动员起来，达到较高的机能水平，以适应运动的需要。同时，只有内脏器官机能的惰性逐渐得到克服以后，人体才能使自己的运动能力最大限度地发挥出来，以创造优异的运动成绩。

人们所掌握的运动技术、复杂的技术动作，都是按条件反射的机制而形成的，条件反射是大脑皮层中形成的暂时联系，因此在比赛或锻炼之前，做一些专门性的练习，复习一下动作技术，再次加强这些神经联系，这对于更好地完成技术动作、提高运动成绩是极有好处的。

正确的技术动作练习可防止运动损伤

任何一个运动项目都有它特定的基本技术要求。熟练地掌握基本技术不仅可以促进运动成绩的提高，形成技能技巧，增强人的体质，而且对预防运动性伤病的发生有着十分重要的作用。然而，错误的技术动作和不规范的技术要求是造成锻炼损伤的主要原因。

对在校学生应该从严要求，进行正确的技术辅导，为将来培出体育人才，培养德、智、体全面发展打下扎实的基础。正确的技术辅导，一要符合力学结构原理，二要符合人体生

理解剖结构的特点。而前后两者又是密切相关联的。错误的技术动作往往给身体某部组织器官加重负荷，而当负荷超越了生理机能承受的限度就会出现各种损伤。

运动性损伤分为以下几种：1. 单纯暴力产生的损伤。如投掷实心球时，用力过猛，上臂有附加扭转动作而造成肱骨骨折；小翻卷曲造成腕部舟状骨骨折等。2. 劳损加爆发力的损伤。长期错误的技术训练动作造成了身体某部位不应有的沉重负荷，使该部位组织变性，失去了组织应有的弹性和韧性，降低了组织的负荷能力。如在跳跃时由于动作不正确，两脚掌不是同时落地，使地面的反作用力不均匀地承担在两个跟腱上，久而久之就会造成单侧跟腱劳损变性，当受到突然外加较大的爆发力时，跟腱就会损伤。

身体某一部分组织进行长期的、单调的练习，而不注意调整，使该组织积累了多次、反复的损伤。这种损伤多见于关节、肌腱、腱的附着部和负重的骨组织。防止积累性损伤，单纯地依靠医学治疗往往难以收到理想的效果。对微小损伤应重视治疗，停止局部训练，避免反复损伤，使受伤的组织有一个安静的修复过程和条件。这就是为什么运动性伤病久治难愈的根本原因以及再三强调运动性伤病预防为主的治疗原则。重视防护性练习，针对运动项目易于损伤的部位，进行专门的保护性练习，以增强关节周围的肌力。总之，正确的技术要求不仅能防止运动性伤病的发生，也是全民健身活动"强体健美、娱乐身心"的宗旨所要求的。

109

运动中发生腰扭伤应怎样处理

腰扭伤也叫闪腰、掩腰，是体育运动中最常见的一种急性损伤。尤其在举重、跳水、跨栏、投掷、跳高、体操、篮球、排球等运动中容易发生。

人体腰部的正中有一条脊梁骨，是由 5 个脊椎骨连起来的，叫做腰椎。连接腰椎骨的有很多条韧带和细小的肌肉，人向前后左右弯腰以及腰部的伸长、缩短，都靠这些肌肉收缩来牵动。肌肉收缩虽有一定的伸展力和弹性，但也不能突然超过限度。有些体育活动腰部最吃力，如果腰部的肌肉还没活动开就猛一用力，肌肉和韧带伸过了劲，就容易撕开和拉断，造成腰扭伤。

在运动中发生腰扭伤，要停止活动，立即休息。如果不休息、不及时治疗，容易反复发作留下病根，造成慢性腰腿疼。躺在床上休息时，为了使腰部的肌肉放松，腰下可垫个薄点的软枕头，以减轻疼痛。腰扭伤以后，用热敷疗法较好，就是把大盐、麸子或砂子炒热，用布包起来，敷在腰部疼痛最厉害的地方，每天两次。针灸、拔火罐、推拿、按摩、理疗也有很好的效果。中药跌打丸、五虎丹，西药强地松等也都可以治疗，需在医生的指导下应用。

为了预防腰扭伤，第一，在剧烈运动前要做好准备活动，尤其是腰部的准备活动更要认真去做，如前后弯腰、左右转身、上跳下蹲、伸长缩短等，也可用拳头轻轻捶拍，用手掌按摩，等

腰部的血液流通好转、局部发热以后再参加剧烈活动。有慢性腰疼的人，可用重叠五六层的宽腰带缠腰，增强腰部的支撑力量。第二，要注意体育运动的姿势正确，用力得当。每一项体育运动，都有一定的动作要领，应注意掌握正确的姿势。腰部用力要逐渐加强，动作要协调平衡不要过猛。第三，加强腰部肌肉的锻炼，尤其是以腰部活动为主的健身项目，能够使脊椎骨的活动度增加，韧带的弹性和伸展性增强，肌肉更加发达有力，即使在担负较大力量的情况下，也不容易发生撕裂扭伤现象。

肌肉损伤后的冷敷

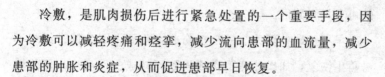

冷敷，是肌肉损伤后进行紧急处置的一个重要手段，因为冷敷可以减轻疼痛和痉挛，减少流向患部的血流量，减少患部的肿胀和炎症，从而促进患部早日恢复。

然而，在运动实践中，由于对肌肉损伤的冷敷方法缺乏正确的认识，往往只对皮肤的表面进行冷敷，而忽略了对患部深层的冷敷，从而使患部出现内出血等症状，延长了恢复时间，给患者造成身心伤害。

合理的冷敷方法是：

（1）在患部用冰块、冰袋等直接按摩，直到患部失去感觉，冷敷时间在15分钟左右。

（2）根据患部情况每隔1—2小时进行一次冷敷，直到患部疼痛消失。

（3）在损伤后的1—2天内进行冷敷。

运动时关节韧带扭伤处理

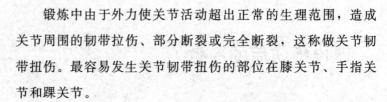

锻炼中由于外力使关节活动超出正常的生理范围，造成关节周围的韧带拉伤、部分断裂或完全断裂，这称做关节韧带扭伤。最容易发生关节韧带扭伤的部位在膝关节、手指关节和踝关节。

关节韧带扭伤后，局部肿胀、疼痛、压痛，有皮下出血的可看见青紫区。

早期正确处理关节韧带扭伤非常重要。因为韧带组织不易再生恢复，如果处理不当或误诊而转成慢性疾病，可能遗留功能障碍，且以后易再次扭伤。急性损伤发生后，应立即停止活动，以减少出血，立刻用冷水冲损伤部位或用冰块冷敷局部，以达到止血的目的，然后覆盖绷带加压包扎防止肿胀。韧带完全断裂或怀疑并发骨折的，在加压包扎后必须请医生进一步检查和治疗。经过24—48小时后，损伤部位的内出血已停止，这时可用温热毛巾热敷或按摩，以消肿和促进血液吸收。在进行温热敷时，温度不要太高，时间不宜太长，按摩时也不宜太重，以免加重渗出、水肿或发生再出血。为了促进关节功能的恢复，应注意动静结合，在没有疼痛感觉的前提下进行早期活动。基本痊愈后，应加强关节周围肌肉的力量练习，提高关节的相对稳定性。

运动中出现小腿抽筋的一些处理

抽筋在运动生理学上叫"肌肉痉挛"，是指肌肉不由自主地强直收缩。体育锻炼中，最容易发生痉挛的肌肉是小腿腓肠肌。主要原因是：

（1）体内失盐过多。在进行剧烈运动时，由于身体大量出汗使体内盐分失去过多，破坏了体内电解的平衡，由于体内氯化钠的含量过低，引起肌肉神经的兴奋性增高而使肌肉发生痉挛。

（2）肌肉收缩与舒张失调。运动中，由于肌肉快速连续收缩，放松的时间太短，破坏了肌肉收缩与舒张交替进行的协调关系，引起肌肉痉挛。这种强烈收缩抑制舒张的痉挛情况在肌肉疲劳时更易发生。

（3）冷刺激。在寒冷的环境中进行体育活动时，如果没有充分的准备活动，肌肉受到寒冷刺激的时候，常引起肌肉痉挛。

发生肌肉痉挛时，局部肌肉坚硬或隆起，剧烈疼痛，且一时不易缓解。有的缓解后，仍有不适感并易再次发生痉挛。

肌肉痉挛发生时，一般通过慢慢加力、持续牵拉的方法，就可使痉挛的肌肉得到放松并消除疼痛。小腿抽筋时，可平躺地上，用异侧手抓住前脚掌，伸直膝关节用力拉；也可平坐或仰卧，伸直膝关节，同伴双手握其足部抵于腹，痉挛者躯干前倾适度用力，同伴用手促其脚背缓慢地背伸，同时推、揉、捏小腿肌肉，就可以使痉挛缓解。

114

不进入"不适宜未成年人活动的场所"

新修订的《未成年人保护法》在社会保护一章增加了关于"不适宜未成年人活动的场所"的条款，明确规定："中小学校园周边不得设置营业性歌舞娱乐场所、互联网上网服务营业场所等不适宜未成年人活动的场所。""营业性歌舞娱乐场所、互联网上网服务营业场所等不适宜未成年人活动的场所，不得允许未成年人进入，经营者应当在显著位置设置未成年人禁入标志"。法律对"不适宜未成年人活动的场所"的限制性规定，表明其对未成年人的不利影响，体现了我们国家为未成年人创造良好的社会文化环境的要求。

所谓"不适宜未成年人活动的场所"，一般是指以成年人为服务对象，供成年人休闲消遣的一些特定娱乐场所。这类场所常见的有营业性歌舞娱乐场所、互联网上网服务营业场所、酒吧、正在放映未成年人不宜观看的影视节目的影剧院或者录像厅等。此外，营业性电子游戏厅在国家法定节日外，也是不适宜未成年人进入的场所。

"不适宜未成年人活动的场所"容易诱发违法犯罪动机。歌舞厅、录像厅、游戏厅、网吧等活动场所之所以违反国家规定向未成年人开放，目的是为了赚钱，经营者不可能让未成年人无偿在这里消遣。而未成年人没有可靠、稳定的经济来源，当他们沉溺于此又没有足够的钱消费的时候，便很有可能通过偷、抢等不法手段来满足自己的需要。

115

"不适宜未成年人活动的场所"是不良交往的主要场所。调查表明，未成年人结交违法犯罪分子的重要途径之一就是娱乐场所。这些地方本就是容易藏污纳垢之所，未成年人混迹其中，难免被坏人所利用，有劣迹的人利用这类地方拉拢、教唆未成年人犯罪的情况并不鲜见。此外，来往此处的大部分未成年人有相似经历、共同兴趣、共同语言，容易产生不良行为的交互感染，也有的在彼此交往中发生冲突，直接导致违法犯罪行为的发生。

"不适宜未成年人活动的场所"是暴力、色情等有害文化的重要传播地。一些歌舞厅、录像厅、游戏厅等场所经营者为了牟利，不惜以色情、暴力等有害内容招徕顾客，有的甚至就是直接从事色情服务的场所，默许或者纵容、组织卖淫、嫖娼、赌博等不法活动，使未成年人深陷其中。未成年人长期在这种文化环境中活动，很容易接受不良因素刺激，形成扭曲的心灵，有的未成年人一时冲动就会产生违法犯罪行为。

不参与封建迷信活动，不参加宣传封建迷信的组织

哪些属于封建迷信活动：

（一）装神弄鬼、愚弄群众的。

（二）用封建迷信手法为群众看病的。

（三）看相、卜卦、算命、抽贴、预测祸福的。

（四）降妖、驱邪的。

（五）看阴阳宅地的。

（六）贩卖看相、卜卦、算命、看阴阳宅地等书刊、图片的。

（七）利用计算机从事卜卦、算命、预测祸福的。

（八）用封建迷信手段制造和散布谣言，蛊惑群众的。

（九）煽动群众，求仙讨药的。

学生缺乏足够的鉴别能力，心理承受力尤其脆弱，如果经常接触或参与封建迷信活动，很容易使学生在犯错误或遇到挫折的时候为自己找到宿命论的借口，导致他们逃避责任

和不敢面对困难，把希望寄托在荒诞的预测上，把人生建立在虚幻的运程上。长此以往，必将形成错误的世界观和消极的人生观。

学生心理尚未成熟，正处于发展之中，容易导致心理负荷和心理承受力之间平衡失调，产生一些心理偏差。一旦封建算命的结果不好，就容易给学生造成不好的心理暗示。此时如遇到困难和挫折，要没有正确引导，就极易被各种迷信形式所俘虏，成为迷信活动的牺牲品。另外，有些迷信活动的过程和结果会在学生心理上长期产生恐惧感，往往使参与者疑神疑鬼，轻者产生心理阴影，重者甚至出现精神恍惚或精神分裂。

由于大多流行于学生中的迷信活动具有刺激性、神秘性、交流性和娱乐性等特征，契合了学生寻求刺激、好奇心强、自控能力差的特点，容易使学生沉湎其中。如此种种，无疑严重影响学生正常的学习生活，败坏校园健康向上的学习风气。

117

农家乐隐患多，学生要注意安全

近年来，周末假日去近郊休闲的人多了，惹火了农家乐。有些村民建几间简易房，摆三五张桌子，即开张迎客，这为事故的发生埋下了隐患。农家乐生意火爆，作为一个新兴的

学生安全教育普及读本

服务行业，经过短暂的成长，目前还有不少问题亟须规范。

个别农家乐为了揽客，安装了秋千、滑梯、跷跷板等游乐设施，但基本上都存在一些问题，有的部件锈蚀，有的连接部位容易滑脱，有的水泥板产生了裂缝，这些都容易给游玩者造成皮外伤或更大的伤害。

由于农家乐特殊的地理位置，大多临河（沟、渠或堰塘），靠近公铁路，没有固定的安保人员，又缺乏一些重点部位的提示性标牌，如果带孩子前来游玩的家长只顾自己玩牌或喝茶，孩子缺乏监管很容易发生伤害事故。此外，一些农家乐里还有拴养的狗，敞放的猫、鸡等动物，稍有不慎，也容易给小孩子带来难以预料的伤害。

厨房操作问题大。农家乐帮厨的人大都是农家乐的经营者或从周围请来的农妇、村姑，不少人没有经过严格的身体检查，违规无证上岗。厨房虽然有一洗（洗涤）、二消（药物消毒）、三清洗（净水冲）、四保洁（保洁柜）等设施，但碗筷、杯盘在清洗时并未严格规范操作，生菜墩、熟菜墩也未能分开。部分食品进货渠道混乱，个别农家乐采购的粉条、茗皮、豆皮等制作凉菜的主辅料大多是从一些小作坊购进的。此外，一些农家乐还兼营小卖部，但出售的酒水质量也不同程度存在问题。

孩子四处玩耍小心鱼塘水池，园内鱼塘水池是安全监管重点。往往有些大人在打牌、钓鱼的时候，孩子们就四处玩耍。工作人员应对鱼塘和水池进行监控，避免发生儿童落水事件。

118